Werner Hauser · Aloys Henhöfer

Werner Hauser

Aloys Henhöfer
(1789–1862)

Erweckung und Erneuerung der Kirche

 johannis

Die Deutsche Bibliothek-CIP-Einheitsaufnahme

Hauser, Werner:
Aloys Henhöfer : (1789–1862) ; Erweckung und Erneuerung der Kirche /
Werner Hauser. – Lahr/Schwarzwald : Johannis 2000
(TELOS-Bücher ; 1382 : TELOS-Paperback)
ISBN 3-501-01405-8

TELOS-Paperback 71382
© 2000 by Verlag der St.-Johannis-Druckerei, Lahr/Schwarzwald
Umschlaggestaltung: Friedbert Baumann
Das Umschlagbild zeigt Aloys Henhöfer etwa um 1840
Gesamtherstellung: St.-Johannis-Druckerei, Lahr/Schwarzwald
Printed in Germany 14130/2000

Inhaltsverzeichnis

Zum Geleit

Manchmal nennen wir ihn einen »badischen Kirchenvater«. Zweifelsohne, die Landeskirche verdankt Aloys Henhöfer viel. Aber mit hohen Titeln, im Nachhinein verliehen, können wir ihn und alles, was er heute noch zu sagen hat, uns vom Leibe halten. Dieses Buch bringt uns Henhöfer aufs Neue nahe. Alltägliches wird erzählt und von einmaligen Augenblicken ist die Rede. Manches erfahren wir zum ersten Mal – Werner Hauser konnte neue Quellen berücksichtigen. Manches, von dem wir bislang nur eine vage Vorstellung hatten, bekommt frische Farbe aus den anschaulich dokumentierten Begegnungen und örtlichen Verhältnissen. Das Reich Gottes verzichtet nicht auf unverwechselbares Lokalkolorit!

Henhöfer hat den »Heilsweg« zu Christus gepredigt. Das war Mitte seiner Verkündigung. Worauf kommt es beim Heilsweg an? Seinen Freund Karl Friedrich Ledderhose hat Henhöfer manchmal in St. Georgen besucht, »meistens zu Fuß, denn die Fußreisen liebte er. Er konnte mehr hören, mehr beobachten, als dies in einem Eilwagen der Fall war«. Auch den Heilsweg zu Christus sollen wir nicht im Eiltempo zurücklegen wollen! Es kommt darauf an, Schritt für Schritt voranzugehen und sorgfältig zu beobachten, was sich unterwegs begibt. Das vorliegende Buch nimmt uns auf diesen Weg mit und bietet vieles, was uns aufmerksam hinhören lässt und ins Nachdenken bringt über Grundentscheidungen Henhöfers, wie sie heute noch aktuell sind:

• Henhöfer war davon überzeugt, dass sein Platz in der Kirche ist. Er widerstand der Versuchung, eine separierte Gemeinde zu gründen, wie es ihm manche nahe gelegt haben. Ihm ging es nicht um die äußere Trennung von gläubigen Christen und Namenschristen, sondern um die geistliche Unterscheidung von Glauben und Unglauben. Um Glauben und Unglauben muss in jeder christlichen Gemeinschaft gerungen werden.

• Für Henhöfer ist die Kirche der Ort, wo die Bibel sich Gehör verschaffen will, oder sie ist nicht mehr Kirche Jesu Christi. Gottesdienste und Predigten hat er gründlich vorbereitet. Der Gemeinde hat er zugetraut, mit der Bibel in der Hand der Predigt zu folgen. Er war von der Notwendigkeit eines vertieften Bibelstudiums über den sonntäglichen Gottesdienst hinaus überzeugt. Das gab den Anstoß für die Gründung der landeskirchlichen Gemeinschaft »Evangelischer Verein für innere Mission Augsburgischen Bekenntnisses«. Dass die Bibel miteinander studiert und Freude an diesem nie zu Ende gelesenen Buch geweckt wird, muss für uns ein verpflichtendes Erbe bleiben.

- Wer das Eiltempo scheut und gern zu Fuß unterwegs ist, legt es auch in geistlicher Hinsicht nicht auf schnelle Augenblickserfolge an. 15 Jahre lang war Henhöfer schon Pfarrer in Spöck, bis es in der Gemeinde zu einer Erweckung kam. Er musste warten können. Das war kein verdrossenes Abwarten. Mit der Vaterunser-Bitte »Dein Reich komme!« widerstand er der Versuchung, die Hoffnung auf geistliche Erneuerung aufzugeben.
- Es gab für Henhöfer keine Arbeitsteilung zwischen Christusverkündigung und Diakonie. Ihm war klar: Wer das eine ohne das andere versucht, gerät ins Abseits. Nonnenweier und die Kinderschulen, die Rüppurrer Diakonissenanstalt, das Hardthaus in Neureut sind schöne Beispiele dafür, dass Henhöfer die geistliche und leibliche Not gleichermaßen zu Herzen gingen. Daraus können wir nur lernen.
- Henhöfer hatte Humor. Seine anschauliche und manchmal drastische Predigtsprache verrät es. Aber ein Strahlemann war er nicht und auch kein Einzelkämpfer. Es gab für ihn, der wie wenige andere des Wortes mächtig war, Momente, da es ihm die Sprache verschlug und er nicht wagte, auf die Kanzel zu steigen, weil er so niedergeschlagen war.

Zu den Nachwirkungen Henhöfers gehört, dass jedes Jahr an einem Wochenende Gemeindeglieder aus vielen Gemeinden unserer Landeskirche zum Henhöfertag zusammenkommen. Sie freuen sich über die in diesen Tagen erlebte Gemeinschaft und fragen nach geistlicher Orientierung für ihr Leben und für unsere Kirche. Wie sehr beides Henhöfer am Herzen lag, wird bei der Lektüre dieses Buches deutlich. Werner Hauser ist den Spuren Henhöfers liebevoll und in gründlicher Kleinarbeit nachgegangen. Ich habe das Buch gern gelesen, weil nicht nur große Reich-Gottes-Augenblicke lebendig erzählt werden, sondern weil auch die kleinen Details zu ihrem Recht kommen. Und auf die kommt es an, wenn wir Hen-

höfer und was er zu sagen hat, ins Leben und in unsere Zeit hereinholen wollen.
Landesbischof i.R. Professor Dr. Klaus Engelhardt, Karlsruhe

Als im Sommer 1989 die Evangelische Landeskirche in Baden und der Verein für innere Mission Augsburgischen Bekenntnisses des 200. Geburtstages von Aloys Henhöfer (1789–1862) gedachten, beruhte unsere Kenntnis seines Lebenswerkes im Wesentlichen noch auf den Biographien von Emil Frommel, Aus dem Leben des Pfarrers Dr. Aloys Henhöfer (1865, ²1880) und von Wilhelm Heinsius, Aloys Henhöfer und seine Zeit (1925, ²1987). Verschiedene neue Arbeiten aus dem Jubiläumsjahr und danach lenkten die Aufmerksamkeit intensiver als zuvor auf die Besonderheit der Theologie und Verkündigung Henhöfers, auf seine Beziehungen zur katholischen Allgäuer Erweckungsbewegung und zum württembergischen Pietismus, auf die inneren und äußeren Vorgänge, die zu seinem Ausschluss aus der katholischen Kirche und zum Übertritt in die evangelische Kirche führten, und auf sein Verhältnis zur evangelischen Kirchenbehörde, zu seinen Gemeinden und zu seinen Freunden und Schülern. Dabei gelangten bislang unbeachtete und unbekannte Quellen ans Licht, und zu den älteren Erkenntnissen kamen, zum Teil korrigierend, neue hinzu. Auf diese Weise ist die vierfache Bedeutung Henhöfers als Prediger und Seelsorger der Erweckung, als Anwalt des reformatorischen Bekenntnisses in der Landeskirche, als Fürsprecher der Gemeinschaftsbildung der erweckten Laien und als Anreger und geistliche Autorität der inneren und äußeren Mission in Baden und darüber hinaus noch deutlicher zu Tage getreten, als das bis dahin der Fall war. Zugleich bestätigte es sich aber auch, wie die Erweckung jeweils auf den Einzelnen zielt, wie sehr sie in der Weitergabe von Person zu Person lebendig wird und wie sehr sie in der persönlichen Gemeinschaft der gleichgesinnten Geschwister lebendig und fruchtbar bleibt. Von daher ist ein neuer Blick auf die Persönlichkeit des »Bekenners und untadeligen Verkündigers des reinen Evangeliums«, wie man Henhöfer ehrend bezeichnet hat, und auf die von ihm gewonnenen Boten der Erweckung an der Zeit und sachgemäß. So ähnlich nun, wie der Hausvater im Evangelium jeweils »aus seinem Schatz Neues und

Altes hervorträgt« (Matthäus 13, 52), so hat, will mir scheinen, Pfarrer Werner Hauser hier aus dem Schatz der Überlieferung älteres Bekanntes und unbekanntes Neues über Henhöfer für seine Leser bereitgestellt. Mögen es viele Leser sein und mögen sie bei der Lektüre nicht nur an der charaktervollen Persönlichkeit des erweckten Zeugen Henhöfer Gefallen finden, sondern auch Bestätigung und neue Freude an dem Zeugnis der Erweckung, für das er einst einstand!

Professor Dr. Gustav Adolf Benrath,
Mainz

Aloys Henhöfers Weg von Völkersbach bis Steinegg (1789–1818)

Kindheit und Jugend

Am 11. Juli 1789 wurde Aloys Henhöfer in Völkersbach geboren. Drei Tage später erstürmten die Volksmassen in Paris die Bastille beim Beginn der Französischen Revolution. Damit begann eine sehr bewegte Zeit mit ihren Auswirkungen in den Napoleonischen Kriegen bis hin zur Revolution 1848/49 in Baden. In dem kleinen katholischen Schwarzwalddorf, zehn Kilometer südlich von Ettlingen gelegen, war davon noch nichts zu spüren. Das Geburtshaus Henhöfers in der Nähe der Kirche ist erhalten geblieben. Anläßlich des 200. Geburtstags erhielt es eine Gedenktafel mit folgender Inschrift:»In diesem Haus wurde Dr. Aloys Henhöfer, Völkersbachs großer Sohn, am 11. Juli 1789 geboren.«

Der alte Pfarrer Joseph Lehr in Völkersbach wurde auf die Bitte der Mutter hin Pate. Er bemerkte beim Geburtseintrag:»von mir getauft«. Ein späterer Pfarrer schrieb an den Rand:»wurde Priester, fiel aber ab«.

Der Vater Johann Martin Henhöfer war ein schlichter Bauer, »nicht reich und nicht arm, ein gottesfürchtiger Mann, ohne weitere Erkenntnis«, wie der Sohn später über ihn schrieb. Auf seinen ganzen Lebensgang hatte die Mutter Theresia geborene Axtmann (1753–1833) einen entscheidenden Einfluss. Sie war eine innig fromme und gemütstiefe Frau. In ihrer Jugend kamen Jesuiten nach Völkersbach und predigten dort mit großem Eifer. Theresia war von ganzem Herzen dabei. Wegen ihres gläubigen und frommen Sinnes und ihrer guten Antworten wurde sie von den Jesuiten mit dem Namen»Königin« geehrt. Am liebsten wäre sie ins Kloster gegangen, wenn die Umstände es erlaubt hätten. Es ist jedoch anders gekommen. Sie verheiratete sich im Jahr 1775. Nun war ihr größter Wunsch, einmal einen»geistlichen Sohn« zu haben. Denn sie glaubte, dessen Verdienste gingen auf alle Glieder der Familie über. Doch mussten die beiden Söhne und die Tochter dem Vater auf dem Feld

Henhöfers Elternhaus in Völkersbach

helfen. Als sie im Alter von 36 Jahren ihr viertes Kind erwartete, gelobte sie es vor der Geburt dem Herrn, sodass der Sohn schreiben konnte: »Von Mutterleib an wurde ich von der Mutter dem geistlichen Stand gewidmet.«

Als tief gläubige Katholikin und fromme Beterin nahm sie ihren Jüngsten so bald als möglich täglich mit zur Messe. »Ich musste mit und bei der Messe dienen (als Ministrant), sonst war sie an jenem Tag nicht gut auf mich zu sprechen. Alle Sonntage, oft auch am Samstagabend, wurde der Rosenkranz kniend gebetet, und wenn dieser fertig war, wusste meine Mutter noch so viele Heilige, deren jedem ein Vaterunser und ein Ave-Maria zugeschickt wurden, dass es oft nicht ausgehen wollte. Als ihr jüngstes Kind und als ihr Liebling musste ich beinahe immer an ihrer Seite sein, und sooft wir an einem Bildstöcklein vorbeikamen, betete sie mit mir«, so schreibt der Sohn. Jeden Freitag ging sie mit ihm nach dem eine Stunde entfernten Wallfahrtsort Moosbronn, mehrmals auch nach Walldürrn. Einmal fragte sie der Vater verdrießlich: »Willst du nicht auch noch nach Jerusalem?«

Durch ihre Erzählungen erweckte die Mutter in ihrem Jüngsten früh den Wunsch, Geistlicher zu werden, am liebsten Missionar. Sobald Aloys lesen konnte, hatte er ein großes Interesse an Büchern. Als er hörte, dass jemand im Dorf eine Bibel besaß, lieh er sie sich aus, ein großes, dickes Buch, das er kaum tragen konnte. Eifrig las er darin, besonders Geschichten aus dem Alten Testament. Im Jahr 1797 wurde der einunddreißigjährige Pfarrer Joseph Anton Beyerle von Mühlhausen bei Pforzheim nach Völkersbach versetzt. Wie einst seine Mutter den Jesuiten, so fiel jetzt der achtjährige Aloys dem neuen Pfarrer auf. Er nahm sich seiner an und erteilte ihm Lateinunterricht. Das war eine Voraussetzung dafür, dass das Gebet der Mutter sich erfüllen und ihr jüngster Sohn Priester werden konnte. Der dreiundzwanzig Jahre ältere Geistliche wurde ihm wie ein zweiter Vater und hat den weiteren Gang von Aloys Henhöfer mit herzlicher Anteilnahme begleitet, auch als dieser im Herbst 1822 aus der katholischen Kirche ausgeschlossen wurde. Zwar konnte er nicht einverstanden sein mit dem neuen Weg seines geistlichen Sohnes, doch schrieb er ihm im November 1822:»Mein Herz glüht für Dich, bis der Tod meine Augen schließt – Dein aufrichtiger Freund.«Am 15. April und am 1. Juni 1825 besuchte er ihn in Graben. Als er im Dezember 1825 im Alter von 59 Jahren in Iffezheim starb, war sein letzter Auftrag, Henhöfer seinen Tod mitzuteilen. Im Tagebuch Henhöfers steht am 16. Dezember 1825 folgender Eintrag:»Herr Pfarrer Streit von Muggensturm zeigte mir den Tod von Herrn Pfarrer Beyerle, dermalen zu Iffezheim bei Rastatt, an, der einst in Völkersbach war und mir zum Studium verhalf. Er starb am 12. früh 6 Uhr. Das ewige Licht leuchte ihm!«

Studium und Priesterweihe

Mit dreizehn Jahren kam Aloys nach Rastatt in die Schule der Piaristen, einer Klostergenossenschaft für Schulunterricht. Vom November 1811 bis zum Examen im September 1814 studierte er in Freiburg katholische Theologie. Für sein äußeres Durchkommen hatte Gott gesorgt. Bevor er Rastatt verließ, hatte er den Auftrag bekommen, als Hauslehrer den Sohn eines Hofrats in Freiburg zu unterrichten. Außerdem bekam er ein Stipendium von 150 Gulden. Für sein inneres Leben scheint er in seiner Studienzeit kaum Anregung bekommen zu haben. Rückblickend sagte er, sein Kopf sei damals mit Kenntnissen ausgefüllt worden, aber das Herz sei leer ausgegangen. Nahrung für seinen inneren Menschen fand er in jener Zeit in den Schriften von Johannes Tauler und Thomas von Kempen.

Nach Abschluss des Studiums kam er in das Priesterseminar nach Meersburg mit dem Zeugnis, er habe seine theologischen Studien mit gutem, meist vorzüglichem Erfolg absolviert. Dort hat sich folgende Geschichte abgespielt, die Aloys Henhöfer später einmal als Illustration zu Römer 6, 11 angeführt hat: »Haltet euch dafür, dass ihr der Sünde gestorben seid und lebt Gott in Christus Jesus.«

»Ich will euch meine Meinung zu dieser Stelle in einer Geschichte sagen: Als ich noch in Meersburg im Seminar war, sollten unsere Klosterherren in der Mitternacht in der Unterkirche bei den Toten eine Messe lesen. Nun aber grauste es ihnen, denn sie behaupteten, es habe sich in den Särgen geregt, und es wollte keiner mehr hinunter. Da übernahm's der Klosterschuster, hinunterzugehen und zu sehen, was an der Sache sei. Er fürchtete sich nicht. Er nahm also seinen Sitz, seinen Hammer und Leder mit und klopfte unten rüstig drauflos. In der Mitternacht, richtig, da regt sich's in einem Sarg. Der Schuster steht auf, geht drauf zu, nimmt den eisernen Hammer und klopft auf den Sarg und sagt: ›Holla, da drin! Was tot ist, ist tot, das darf nimmer aufstehn und sich regen.‹

Seht, das meine ich, heißt mit Christus gestorben sein. Wenn der alte Mensch sich noch regen will, soll der neue mit dem Hammer an seinen Sarg schlagen und sagen: ›Holla, da drin! Was tot ist durch Christus, ist tot, das darf nimmer aufstehen.‹ Das heißt mit Christus gestorben sein und Gott leben.«

Der Tageslauf im Seminar begann morgens um 5 Uhr mit dem Aufstehen, 5.15 Morgengebet, 5.30 Meditation, 6.30 Messe. Das Letzte war abends 20 Uhr Schriftlesung, 20.30 Nachtgebet, 21 Uhr Bettruhe.

Die vier unteren Weihen empfing Aloys Henhöfer am 16. Dezember 1814 durch den Fürstprimas von Frankfurt, Karl Theodor von Dalberg, als Bischof von Konstanz, der gesagt haben soll: »Gebt auf *den* Acht, der bleibt euch nicht.« Bald darauf wurde er ernstlich krank. Die Seeluft und die veränderte Lebensweise hatten seine Gesundheit angegriffen. Da lud ihn sein Freund und Wohltäter Beyerle in sein Pfarrhaus nach Iffezheim ein. Hier erholte er sich wieder. Vom 19. bis 21. Mai 1815 erhielt er die drei höheren Weihen durch den Konstanzer Weihbischof, Fürst Franz Karl zu Hohenlohe. Jetzt war der Priester fertig. Mit großer Bewegung des Herzens las er die erste Messe. Mit brennendem Eifer für sein Amt wartete er auf einen Ruf. Der sollte schon zehn Tage später kommen und wurde entscheidend für sein Leben, für Zeit und Ewigkeit.

Hofmeister auf Schloss Steinegg

Freiherr Julius von Gemmingen (1774–1842) auf Schloss Steinegg bei Mühlhausen an der Würm suchte einen neuen Hofmeister und Hauslehrer für seine große Kinderschar. Deshalb wandte er sich an den früheren Mühlhausener Pfarrer Beyerle, der ihn auf Henhöfer aufmerksam machte.

Der Freiherr war ein edler, liebenswürdiger Mann, ein frommer Katholik. Frau Marianne von Gemmingen (1781–1858) hatte schon, bevor Henhöfer ins Haus kam, Verbindung mit pietistischen Kreisen im Württembergischen. So traf der junge Hauslehrer auf Schloss Steinegg ein für echte Frömmigkeit aufgeschlossenes Ehepaar an: »Im Schlosse bin ich wohl aufgenommen und finde, was ich so nötig habe, Erbauung. Steinegg ist mir gleichsam Heimat und Geburtsort, und ich habe Ursache, es dafür anzusehen.«

Seine Schüler waren die vier Söhne im Alter von sieben, acht, elf und zwölf Jahren. Die große Tochter Luise war zehn Jahre alt, die beiden kleinen zwei und fünf Jahre, als Henhöfer kam. In den drei Jahren seines Aufenthalts im Schloss Steinegg wurden noch zwei Töchter geboren. Diese Zeit ist für ihn eine wichtige Vorschule geworden. Der junge Theologe war genötigt, so schlicht und einfach zu sprechen, dass auch sein jüngster Schüler es fassen konnte. Gaben, die Gott ihm mitgegeben hatte, wurden geweckt und entfalteten sich. Gerade im Unterrichten ist er ein Meister geworden. Auch seine späteren Predigten zeichnen sich durch eine große Deutlichkeit aus. Jedes Kind konnte ihn verstehen.

Es entstand eine bleibende, herzliche Verbundenheit mit den Eltern und mit den Kindern. Julius von Gemmingen wurde für Aloys Henhöfer in den bevorstehenden Auseinandersetzungen ein treuer Freund und ein Seelsorger in Zeiten der Anfechtung. Der Freiherr

Schloss Steinegg zur Zeit Henhöfers

und seine Frau begleiteten Henhöfer in all seinen Kämpfen bis an ihr Lebensende.

Neben dem Unterricht hatte Henhöfer auch die Aufgabe, die Gottesdienste in der Schlosskapelle zu halten, außerdem in Neuhausen auszuhelfen. Rückblickend schrieb er: »Hier lebte ich zufrieden und glücklich.«

Mühlhausen – Durchbruch zum evangelischen Heilsweg (1818–1823)

Priester in Mühlhausen bei Pforzheim

Im November 1817 starb der alte Pfarrer Geiger in Mühlhausen. Er war zu gutmütig und zu wenig streng. Von seinen Mühlhausenern sagte er:»Charmante Leut, charmante Leut, aber 's Stehlen können sie nicht lassen.« Julius von Gemmingen sorgte als Patronatsherr dafür, dass sein Hauslehrer die nur drei Kilometer von Schloss Steinegg entfernte Pfarrei Mühlhausen übertragen bekam. Im März 1818 zog er dorthin um.

Mühlhausen hatte in den Napoleonischen Kriegen viel zu leiden gehabt und galt, wie Henhöfer 1823 in seinem Glaubensbekenntnis schreibt, als »eine der verdorbensten Gemeinden«. Viele waren verarmt, und die Hungersnot von 1817 schädigte sie noch mehr. Dass es unter solchen Verhältnissen Leute gab, die der Versuchung des Stehlens, des Schmuggelns über die nahe württembergische Grenze, des Jagd- und Holzfrevels nicht widerstehen konnten, ist zu begreifen.

Henhöfers sehnlichster Wunsch war, die Gemeinde zu heben und sie wieder in einen besseren Ruf zu bringen. Über seine damalige Wirksamkeit schrieb er: »In der Kirche predigte ich Moral über Moral, und immer einen Sonntag strenger als den anderen. Ich dachte, wenn ich die Leute fleißig und ernstlich an ihre Pflichten erinnere, so werde es schon besser werden. Aber auch selbst die ernstesten und strengsten Moralpredigten wollten nach und nach keine Wirkung mehr tun.«

Er wusste noch nicht, dass das Gesetz kein neues Leben schafft, sondern nur Erkenntnis der Sünde. Er schrieb später in seinem Glaubensbekenntnis: »Wenn der Landmann alle Tage mit seinem Pflug über den Acker fährt und das Unkraut ausreutet, so trägt er darum noch nicht Korn. Zuerst muss gesät werden. So macht auch das Gesetz keinen Menschen selig. Es lässt ihn ohne Kraft und zeigt ihm nur, was er sein sollte und nicht ist. Hätte Mose dem Menschen helfen können, so wäre Christus nicht nötig gewesen.«

Seine Predigten verscheuchten die Sünden aus der Öffentlichkeit in die geheimen Schlupfwinkel, aber die Leute besserten sich nicht. Ja, schließlich gewöhnten sich die Mühlhausener an die strenge Predigt und lebten das alte Leben weiter. Henhöfer gelang es zwar, mehr äußere Ordnung in der Gemeinde zu bewirken, wenngleich mancher Erfolg nur von kurzer Dauer war: »Es ging wie in einer Mühle, wo man anfangs zwar durch das Geräusch aufgeschreckt und am Schlaf gehindert wird, bald aber so sanft schläft wie im stillsten Zimmer.«

Anfang Oktober 1818 wurde der junge Priester Johann Baptist Fink (1793–1850) Hauslehrer in Schloss Steinegg. Henhöfer kannte ihn aus seinen Freiburger Studienjahren und spürte bei ihm eine tiefe Unruhe und einen ganz anderen Sinn als früher in Freiburg. Seiner inneren Unruhe wegen hielt er es nur ein Vierteljahr auf der Hauslehrerstelle aus. Dann eilte er nach Landshut und suchte Frieden bei Professor Sailer, der ihn in diese Unruhe hineingeführt hatte.

Der katholische Professor Johann Michael Sailer (1751–1832) war evangelisch gesinnt. Er stand in Verbindung mit Lavater und Jung-Stilling. Am Ende seines Lebens wurde er Bischof von Regensburg. Sailers Bestreben war es, lebendiges Christentum zu wecken. Er wollte seine Studenten zu wahrhaft Geistlichen bilden und sie in ein intensives Bibelstudium hineinführen. Das Hauptmerkmal der Frömmigkeit Sailers war seine Innigkeit und die durch kein Leid, keine Anfeindung und Verfolgung zerstörbare Geborgenheit in Gott. Das war für den jungen Priester Fink ein heiß ersehntes Ziel.

Henhöfer sah seine bisherige Frömmigkeit und Verkündigung durch Fink tief in Frage gestellt. Der Freund hatte ihn davon überzeugt, selbst ganz anders werden zu müssen, ohne dass er ihm sagen konnte, wie das geschehen könne. Die Unruhe des Herzens bei Fink, die durch Professor Sailer geweckt worden war, wirkte tief auf Henhöfer ein: »Fink hat mich auf die Heilige Schrift und auf mein Herz aufmerksam gemacht« – mehr als dieses freilich äußerst folgenschwere Aufmerken konnte Fink nicht bewirken. »Ich war nun ganz auf mich gestellt und musste meine Hilfe allein in Gottes Wort und Gebet suchen.« Der Freund hatte ihm den Rat hinterlassen: »Lies fleißig in der Heiligen Schrift!«

Moralpredigt – Bußpredigt – Gnadenpredigt

Diesen entscheidenden Übergang während Henhöfers Wirksamkeit in Mühlhausen hat Eckhard Hagedorn gründlich untersucht in seiner Dissertation »Erweckung und Konversion – Der Weg des katholischen Priesters Aloys Henhöfer (1789–1862) in die evangelische Kirche«.

Von der Moralpredigt zur Bußpredigt

Henhöfers Predigt war am Anfang Moralpredigt, herausgefordert durch den schlechten Ruf der Gemeinde. Er hoffte, die Belehrung der Gemeindeglieder über ihre Pflichten genüge, um eine Änderung ihres Verhaltens zu bewirken. In der Predigt sagte er, was Christen- und Bürgerpflicht ist, und durch die Belehrung über die Pflichten erhoffte er die Bekehrung der Sitten.

Durch die Begegnung mit Fink erkannte Henhöfer die Notwendigkeit, selbst ganz anders anzufangen. Er konnte nicht weiterpredigen wie bisher, weil er zum ersten Mal das Wort Gottes in seiner richtenden Schärfe selbst erlebt hatte. Ging es bisher in den Moralpredigten um einzelne Taten, so ging es jetzt in den Gesetzes- oder Bußpredigten um das Herz der Gemeindeglieder. Letztes Predigtziel war nicht mehr die Besserung, sondern die Rettung der Hörer. Das lässt sich deutlich an der Wirkung dieser Predigten ablesen: »Viele suchten, was zu ihrer Seligkeit Not tat.« Erstmals merkte Henhöfer etwas vom Wirken des Heiligen Geistes durch seine Predigten: »Er ließ sich nicht unbezeugt an manchen Menschenherzen. Es kam zu einem Erwachen, zu einem Suchen, allerdings noch nicht zum Finden dessen, was für ihre Seligkeit Not tat.«

Von der Bußpredigt zur Gnadenpredigt

Darüber schreibt Karl Friedrich Ledderhose, der von 1833–1836 Henhöfers Vikar in Spöck war:
»Viele fragten, was sie tun sollten, um selig zu werden. Bald verbreitete sich der Ruf von dem mächtigen Bußprediger in der Umgegend. Katholiken und Evangelische strömten am Sonntag von allen Seiten, besonders aus dem nahen Württemberg, nach dem armen und jetzt doch so reichen Mühlhausen. Aber die tieferen

Kenner der Wahrheit fühlten Henhöfer bald ab, dass ihm noch das springende Pünktlein der Schrift, das mit dem Blut Christi bedeckte Kreuz Christi, fehle. Sie brachten ihm daher ein in dieser Hinsicht treffliches Büchlein: ›Christus für uns und in uns‹ von Martin Boos, dem bekannten katholischen Geistlichen, der wohl der gesegnetste Schüler Sailers gewesen ist.«

Auch Henhöfer berichtet rückblickend, dass damals Evangelische aus dem benachbarten Württemberg kamen, und fährt dann fort:»Nachdem ich lange Zeit die Predigt der Buße fortgesetzt hatte, brachten mir Freunde aus der Nähe das Büchlein von Boos: ›Christus für uns und in uns‹ unter der Hand bei, wodurch ich weitergeführt und mehr zum Evangelium gebracht wurde.«

Der evangelische Geist wehte jetzt durch alle seine Predigen. Er sagt selber davon in seinem hinterlassenen Lebensabriss:»Von jetzt an predigte ich mit ebenso viel Eifer das Wort von der Versöhnung und freien Gnade Gottes in Christus.«

Zwei Jahre vor seinem Tod hat Henhöfer in seinem Lebenslauf, den er ins Stafforter Kirchenbuch geschrieben hat, eine klare Dreiteilung seiner Predigttätigkeit in Mühlhausen vorgenommen: 1. Moralpredigt, 2. Bußpredigt, 3. Predigt des Wortes von der Versöhnung und von der freien Gnade Gottes in Christus. Durch die Gnadenpredigt entstand eine große Erweckung in der ganzen Gegend unter Katholiken und Protestanten.

Während Henhöfer in der Zeit der Bußpredigt Jesus als Lehrer und Vorbild der Demut nach Matthäus 11 dargestellt hatte:»Lernet von mir!«, lag bei der Gnadenpredigt der Akzent auf dem Ruf: »Kommet her zu mir alle!« und auf der Verheißung:»Ich will euch erquicken.« Henhöfer predigte jetzt einen anderen Christus als früher: den Heiland, der die Sünder zu sich ruft und ihnen Sündenvergebung schenkt. Er redete jetzt deutlich vom Glauben.

Die Erweckung beginnt

Was Henhöfer in jenen Monaten erlebt hat, hat er später so zusammengefasst:»Mein Gebet und Seufzen wurde erhört. Viel, viel hat Gottes Gnade um diese Zeit im Stillen getan an meinem Herzen. Gottes Wort wurde mir lebendig wie ein zweischneidiges Schwert, das Mark und Bein durchdrang. Ein neuer Eifer, ganz anders zu werden, belebte mein Inneres. Von dieser Zeit an wurde die Heilige Schrift meine tägliche Lektüre. Ich lernte viel auswendig. Von Sonntag zu Sonntag wurde ich mehr zum Leben geführt. Mit vielem Eifer und Segen predigte ich nun Gottes Wort, und von allen Seiten kamen katholische und evangelische Zuhörer. Ein ganz neues Leben erwachte in Mühlhausen und in der ganzen Umgegend. Es war dies die fröhlichste Zeit meines Christen-, ja meines ganzen Erdenlebens. Hätte ich jene erste Liebe wieder! Nicht lange aber blieben wir ohne Anfechtung.«

Was bewirkten Henhöfers Predigten? »Manche Haushaltungen, die in jahrelangem Unfrieden gelebt hatten, wurden friedlich, Feindschaften hörten auf, morgens entstandene Entzweiungen waren am Abend geschlichtet, Ehestreitigkeiten, deren es anfangs nicht wenige gab, verschwanden, vom Stehlen, dessen man die Gemeinde so sehr beschuldigte, hörte man nichts mehr, selbst mancher Hausstand wurde gehoben durch den Frieden, den Gottes Wort ihm gab. In der ganzen Zeit meines Aufenthalts kam kein Eid und kein Prozess mehr vor«, berichtet Henhöfer. Als Zeugnis seiner Wirksamkeit sagte eine alte Frau: »Wie es gewesen ist, kann ich nicht mehr sagen; nur so viel weiß ich, der Pfarrer hat meinem alten Menschen den Brustkasten eingeschlagen.«

Der Zudrang zu der Kirche war von nah und fern groß. Die Leute gingen oft zehn bis zwölf Stunden weit die ganze Nacht, um früh in der Kirche sein zu können. Sie wollten diesen schlichten jungen Priester hören, der so gewaltig Glaube, Gnade und Rechtfertigung predigte. Mancher ist nur aus Neugierde nach Mühlhausen gekommen wie jener württembergische Stadtschultheiß, dessen Glaube unter null heruntergesunken war. Er schloss sich einem Zug an, der sich nach Mühlhausen bewegte, beteuerte aber unterwegs: »Mich kriegt er gewiss nicht.« Und gerade dieser Mann wurde schon in der ersten Predigt so ergriffen, dass er fast jeden Sonntag den weiten Weg nach Mühlhausen machte, wo Jesus allen so herzeindringlich gezeigt wurde.

Evangelische kamen unter anderem von Eisingen, Dietlingen, Ellmendingen und Brötzingen. Auch mancher evangelische Pfarrer der Umgebung fand sich ein. Einer von ihnen war Georg Friedrich Hoffacker aus dem anderthalb Stunden entfernten Merklingen.

Für Henhöfer war die Heilige Schrift zum kostbaren Schatz geworden, den er auch anderen weitergeben wollte. »Nicht bloß aber ich wollte diesen kostbaren Schatz haben, sondern ich teilte das Neue Testament von Leander van Eß um einen sehr geringen Preis in der ganzen Gemeinde aus und noch vielen andern in der Umgegend, die Verlangen darnach hatten, und hätte es gern der ganzen Welt gegeben.«

Die erste Auflage der Übersetzung des Benediktiners Leander van Eß war 1807 erschienen. Bis zum Jahr 1860 hat die Britische und Ausländische Bibelgesellschaft 2, 2 Millionen Exemplare verbreitet.

Vorher war die Bibel in dieser Gegend so wenig bekannt, dass ehrliche Leute nachher gestanden: »Wir haben geglaubt, die Heilige Schrift sei ein Buch, wenigstens so groß wie ein Dorf oder eine kleine Stadt.« Schon im Jahr 1821 wusste Henhöfer keinen Haushalt in Mühlhausen mehr, der nicht ein Neues Testament hatte. Auch die Schüler der obersten Klasse benützten es im Unterricht.

Ein Wilderer stirbt im Frieden

Manchmal hat Henhöfer auch in dem benachbarten Dorf Neuhausen gepredigt. Dort lebte ein berüchtigter Wilderer, der wegen seiner Frevel schon mehrmals im Zuchthaus gesessen hatte. Er hatte es besonders auf das Wild in den Wäldern des Freiherrn von Gemmingen abgesehen. Nun erkrankte er schwer. Auf seinem Krankenlager wachte sein Gewissen auf. Vorher hatte er sich durch die Predigten des Pfarrers von Mühlhausen nicht zur Umkehr bestimmen lassen. Jetzt in der Nähe des Todes und der Ewigkeit lag seine Sündenschuld zentnerschwer auf seinem Gewissen. Er ließ deshalb nicht den Pfarrer seines Ortes zu sich rufen, der ihm nicht sagen konnte, was er jetzt brauchte, sondern Henhöfer. Dieser kam und redete so zu seinem Herzen, dass es ganz anders mit ihm wurde. Er seufzte: »Ach, wenn doch nur der Herr von Gemmingen da wäre, dass ich von ihm Verzeihung erlangen könnte!« Aber der war gerade beim Landtag in Karlsruhe. »Aber die gnädige Frau ist doch zu Hause«, sagte er. »Ach, ich kann nicht sterben, bis ich von ihr Verzeihung habe!« Man meldete der Frau Baronin, die ganz die Gesinnung ihres Mannes teilte, das Verlangen des sterbenden Wilderers. Sie machte sich gleich auf den Weg. Da hätte man sehen sollen, wie der Todkranke unter vielen Tränen um Verzeihung bat, die ihm auch gewährt wurde. Es war eine ergreifende Szene. Er starb bald darauf im Frieden mit Gott als ein begnadigter Sünder.

Der Besuch von Frau Anna Schlatter (1773–1826)

Frau Anna Schlatter in St. Gallen, Mutter von zwölf Kindern, stand in einem ausgedehnten Briefwechsel mit erweckten Christen ohne Unterschied der Konfession. Einige von ihnen seien erwähnt: Johann Kaspar Lavater, Johann Heinrich Jung-Stilling, Johann Michael Sailer und Martin Boos. Auch mit Pietisten in Württemberg hatte sie Verbindung. Im Juni 1821 kam sie mit ihrem späteren Schwiegersohn Friedrich Röhrig von Korntal und Leonberg aus am Abend vor dem Dreieinigkeitsfest nach Mühlhausen, um Henhöfer am folgenden Tag predigen zu hören. Ihr Bericht darüber gibt uns einen lebendigen Einblick, wie es damals dort aussah.

»Um 5 Uhr kamen wir in Mühlhausen an, wo wir Pferd und Chaise im Wirtshaus ließen und nach dem Pfarrhaus gingen. Herr Pfarrer war nicht zu Hause, allein die Köchin hieß uns in seinem Namen willkommen. Er sei sehr gastfrei und werde sich freuen, uns zu finden, wenn er nach Hause komme. Sie führte uns in seine Stube, wo wir an der deutschen Bibel, dem Brüdergesangbuch, Bogatzkys und Luthers Schriften merkten, in welches katholischen Pfarrers Stube wir waren. Als sie wieder ins Zimmer trat, wollte ich an der Köchin bemerken, welcher Geist im Hause wohne, und fragte sie: ›Hat Sie wohl auch den Herrn Jesus lieb?‹ Nun überfloss Mund und Herz des guten Mädchens zum Lobe ihres Heilands und seines Evangeliums, welches aus den Vorträgen ihres Herrn Pfarrers zu hören ihre größte Lust sei. ›Oft‹, erzählte sie, ›haben wir sonntags das Haus voll Gäste. Nach der Kirche kommen bis auf zwanzig und mehr zum Mittagessen. Das gibt für mich viel zu tun in der Küche, doch möchte ich die Predigt immer mit anhören. Da bitte ich dann den lieben Heiland, wenn ich die Töpfe ans Feuer setze, mir die Speisen zu bewahren, und noch nie ist mir ein bisschen angebrannt. Auch hilft die gnädige Frau von Gemmingen mir dann bei Tische.‹

Unter solchen einfältigen Gesprächen der Magd wurde ich erbaut, bis wir den uns unbekannten Herrn Pfarrer durch den Garten kommen sahen. Wir gingen ihm an die Tür seines Zimmers entgegen, kündigten uns als zwei nur in Christus ihm verwandte, unbekannte Geschwister an, welche morgen gern ihn predigen hören möchten und in dem elenden Wirtshause nicht die Nacht bleiben

Freifrau Marianne von Gemmingen
1781–1858

Freiherr Julius von Gemmingen
1774–1842

könnten, baten, uns ein sehr einfaches Nachtbrot und ein Lager zu geben. Freundlich erwiderte er uns und fragte nur: ›Lisbeth, hast du zwei Zimmer in Ordnung und kannst du uns etwas zum Abendbrot machen?‹ Lisbeth beantwortete beides mit freudigem Ja. So setzten wir uns zusammen, um uns von unsrer himmlischen Verwandtschaft zu unterhalten. Nachdem der Pfarrer den von Pfarrer Friedrich (in Korntal) mitgebrachten Brief gelesen hatte, schlug er uns vor, noch diesen Abend hinüber nach Steinegg zu fahren zu der adligen Familie von Gemmingen, wo die Frau durch Henhöfers Predigten dem Evangelium gewonnen worden war. Wir schlugen sogleich ein, Röhrig holte Pferd und Chaise, und wir fuhren um halb 7 Uhr hinüber. Frau von Gemmingen empfing uns liebreich, wir wurden als Christen angekündigt und behandelt und setzten uns ein Stündchen zusammen. Sie versprachen, morgen herüber zur Kirche zu kommen, und als Bekannte schieden wir, weil der Tag sich neigte und der Himmel sich mit Regen überzog, den er im Zurückfahren in reichlichen Strömen über uns ergoss.

Beim Nachtessen erzählte uns Henhöfer, wie er wegen seiner Verstöße gegen das katholische Formenwesen schon mehrmals angeklagt und beinahe seines Amtes entsetzt worden wäre, und während wir aßen, kam ein Bote, ihn auf die nächste Woche vors Verhör zu laden, indem er gegen das sinnlose Sprechen des englischen Grußes geredet habe. Er gestand, er hätte seinen Bauern vorgestellt: Wenn nun einer von ihnen etwas von ihm zu bekommen wünschte, käme dann in sein Zimmer und spräche wohl zwanzigmal: ›Guten Morgen! guten Morgen! guten Morgen!‹, wäre es nicht natürlich, wenn ich zu diesem Menschen sagte: ›Aber, mein Freund, was will Er denn von mir haben? Ist Er unsinnig, oder was will Er denn?‹ Und seht, wenn ihr von Gott etwas zu haben wünscht, sprecht ihr unzählige Male: ›Gegrüßt seist du, Maria!‹ – ist das nicht Unsinn zu nennen?

So frei spricht Henhöfer. So frei sprach er auch am Morgen darauf, am Dreifaltigkeitssonntag, von der Kanzel über die christlichen Feste – wie das Fest der Geburt, des Leidens, des Todes, der Auferstehung, Himmelfahrt und Pfingsten rechte christliche Feste wären und das Fest der Dreifaltigkeit den Schluss dieser Feste mache; anderer Festtage bedürfe die christliche Kirche keine mehr. Während dem Gespräch beim Abendbrot wurde mir der Mann brüderlich lieb. Er bekannte, erst seit ungefähr zwei Jahren sei er zu klarer und wahrer Erkenntnis gekommen, und mir schien, auch auf der Kanzel gäre der neue Most noch ein wenig in dem Gott geheiligten Gefäße. Diese Nacht vom 16. auf den 17. war eine der seligsten Nächte meines Lebens. In dem Gefühl der Nähe Jesu konnte ich wenig schlafen, aber selig war mein Wachen, wie es keine Feder beschreiben könnte. Am Morgen beim Frühstück sprach Henhöfer mit starker Empfindung von seinen Morgenbetrachtungen über die Herrlichkeit unsres Hauptes, welcher angetan mit unserer Menschheit sich hinaufschwang durch alle Engel- und Fürstenchöre des Himmels bis zum Thron des Vaters, wo er sich zu seiner Rechten setzte und uns vertritt. O wie anbetend verlor ich mich auch in diesen Betrachtungen.

Nach und nach sammelte sich das Volk in der Kirche. Wir warteten, bis die Messe geendigt, und gingen dann zur Predigt. Der liebe Henhöfer steht heute so lebendig vor mir, wie er im Feuer von der Kanzel sprach. Die Kirche war zum Erdrücken voll und mein Herz ebenso von Empfindungen aller Art. Taufe, Abendmahl, Bund mit Gott in Christus, Auferstehung zum ewigen Leben nach der empfangenen Vergebung aller Sünde waren Gegenstände dieses Vortrags, und besonders suchte er bei Anlass der heiligen Dreifaltigkeit dem Volk den Begriff des Wortes: Person, Personen, klar zu machen. Sie bleibt aber immer Sache des Glaubens und der inneren Anschauung, die sich in Worte nicht fassen lässt. Wir nahmen nach dem Gottesdienst ein sehr geschwisterliches Mahl im Pfarrhaus mit der herrschaftlichen Familie und einigen Landleuten und ihrem Pfarrer ein. Mich erquickte sehr der Hunger nach evangelischer Speise in dieser Gemeinde. In fester Hoffnung ewigen Wiedersehens und Immerdar-Liebens schied ich von diesen lieben Gliedern Christi mit bewegtem Herzen.«

Frau Anna Schlatter konnte nicht ahnen, dass ihr Sohn Kaspar der erste evangelische Pfarrer in Mühlhausen und Schwiegersohn des Freiherrn von Gemmingen werden sollte. Nachdem er sich am 22. März 1824 unter dem Segen der Eltern von Gemmingen mit der Tochter Luise verlobt hatte, schrieb Anna Schlatter an ihre Tochter Anna:»Diese Führung ist eine solche Anordnung Gottes, die unser Verstand nie hätte erdenken, unser Wille nie hätte hinausführen können. Ich staune, wenn ich bedenke, dass ich 1821 in Mühlhausen diese Luise mit ihren Eltern sah, als sie noch sämtlich mit Henhöfer äußerlich katholisch waren, und dass ich sie nun Tochter und Braut meines Sohnes nenne, der dort das Evangelium predigt.«

Anklage vor dem Generalvikariat in Bruchsal

Diese Bewegung konnte nicht lange ohne eine Gegenbewegung bleiben. Weil Henhöfer davon überzeugt war, dass die Gerechtigkeit vor Gott allein aus dem Glauben an Christus kommt, musste er das Vertrauen auf die guten Werke und die äußerlichen Frömmigkeitsübungen ablehnen. Das erregte Widerspruch. Viele wollten nur ein äußerliches Christentum. Sie warfen Henhöfer vor, er setze die katholische Religion herab, und das vor Protestanten.

Er selbst schreibt in seinem »Christlichen Glaubens-Bekenntnis« über seine Gegner: »Sie eiferten wider den lutherischen Christus, wider die lutherische Lehre, als wenn Glauben und tätige Liebe nur lutherisch und nicht auch katholisch wäre, sie schrien wider die Heilige Schrift als das Buch aller Ketzereien und wider alles, was auf Bekehrung und Herzensbesserung abzielte, und wollten durchaus beim Alten, das heißt bei Rosenkränzen, Heiligenrufen und Kapellengehen bleiben.« Durch Henhöfers Bußpredigt fühlten sie sich in ihrem Stolz verletzt. Sie verklagten ihn bei der weltlichen und geistlichen Obrigkeit.

Auch nahm man Anstoß an den Erbauungsstunden, die bei Schreiner Brougier gehalten wurden. Henhöfer schreibt darüber: »Nachdem ich einige Zeit in Mühlhausen gepredigt hatte, gab es nach und nach einige Leute, die das Christentum lieb gewannen. Diese Leute kamen nun an Sonntagen zusammen.« Die meisten waren aus dem Dorf. Doch kamen auch Auswärtige dazu, die am Morgen Henhöfers Predigt gehört hatten.

Schon im August 1819 war bei der Kirchenbehörde, dem Bischöflichen Generalvikariat in Bruchsal, die Anzeige eingegangen, »dass zu Mühlhausen im Freiherrlich von Gemmingschen Gebiet sich eine religiöse Sekte bilde, die sich alle Sonntage bei einem Schreiner namens Brougier öfters in einer Anzahl von 40 bis 60 Personen aus Einwohnern des Ortes und aus Lutheranern aus dem Württembergischen versamm le und denen der gedachte Schreiner die Predigten des Ortspfarrers auslege«.

Im Juli 1820 wurde Henhöfer »alle Teilnahme an dieser religiösen Verbrüderung allen Ernstes untersagt und derselbe auch angewiesen, solche Versammlungen in seiner Pfarrei nicht ferner zu dulden«. Außerdem hatte er öffentlich von der Kanzel abzukündigen, dass an den Mühlhausener Gottesdiensten Auswärtige nicht mehr teilnehmen sollten. Um den bisherigen Zudrang zu verhindern, stellte man Zollgardisten an der Kirche auf. Die Versammlungen hörten auf. Der Gottesdienst und die Christenlehre mussten den Erweckten nun genügen. Zweimal verkündigte Henhöfer, was ihm aufgetragen war: Besucher aus anderen Gemeinden sollten den Gottesdienst in ihrer Heimatgemeinde besuchen. Der Andrang war oft sehr groß. Am 18. Juni 1820 waren 2000 Menschen nach Mühlhausen gekommen. An die Kirchenfenster wurden Leitern angelegt. Die Auswärtigen wollten sich nicht abhalten lassen. Am 1. August 1820 schrieb Pfarrer Georg Friedrich Hoffacker in Merklingen an Henhöfer:

»Euer Hochwürden!

Durch mehrere Ihrer gehaltenen Predigten wurde ich aufs Innigste gerührt, und ich pries die göttliche Gnade, welche dieselben mit Weisheit und Kraft des Heiligen Geistes ausgerüstet hat. Aber diese Gabe ist Ihnen deswegen nicht *allein* gegeben, um solche bloß Ihren Amtskindern mitzuteilen. Deswegen bekümmert es mich tief, dass Sie am Sonntag die Äußerung taten, dass es Ihnen sehr lieb wäre, wenn jeder in seiner Gemeinde bliebe. Menschen, welche Gott durchs Wasser der Trübsal geführt und die sich der Leitung Gottes und seines Heiligen Geistes übergeben, befinden sich bei Ihnen am Sonntag und in der folgenden Woche in einem Seelenfrieden. Wie kommen Sie aber dazu, uns solchen nicht zu gönnen? Um die Liebe will ich Euer Hochwürden bitten, uns Ausländern (Merklingen liegt in Württemberg) die Anhörung Ihrer Predigten doch außerhalb der Kirche zu erlauben. – Meine gehorsamste Freiheit bitte ich ab.

Mit größtem Respekt verharrt Euer Hochwürden gehorsamster
G. Fr. Hoffacker.«

Im März 1821 wollte man Henhöfer durch das Angebot der gut dotierten Pfarrei Büchenau von Mühlhausen weglocken. Man dachte ihn da in größerer Nähe der Behörde und unter den Augen zu haben. Oft hat Henhöfer in seiner späteren Gemeinde Spöck nach dem benachbarten Büchenau hinübergedeutet und gesagt: »Dort wollte man mich zur Ruhe bringen.«

Schließlich gab ein Vorfall dem Generalvikariat in Bruchsal eine willkommene Handhabe zum Einschreiten gegen Henhöfer: der Aufsehen erregende Tod des 21-jährigen Matthias Fischer am 13. Ja-

nuar 1822. Henhöfer berichtet darüber in seinem »Christlichen Glaubens-Bekenntnis«:
»Ein junger Mensch aus der Gemeinde Mühlhausen wurde krank. Seine Mutter machte mir davon eine Anzeige mit dem Ersuchen, ihn einmal anzusehen, und wenn ich die Krankheit für bedeutend finde, ihn zu versehen. Ich tat es zwei Tage hintereinander, fand aber den jungen Menschen weder gefährlich krank noch geneigt, sich versehen zu lassen. Darum unterließ ich es, sprach aber mit ihm von dem, was ich für seinen Seelenzustand für gut und Not hielt. Der dritte Tag war ein Sonntag, gerade wo ich in Tiefenbronn Kirche zu halten hatte. An diesem Tage wurde die Krankheit etwas bedeutender, und da er sich mitten aus dem Schweiß dem Bett entzog, das Zimmer öffnete und in die Zugluft hinstand, auch sonst wenig Ordnung hielt, so ward er abends eine Leiche. Ungefähr fünf bis zehn Minuten vor seinem Ende kam ich im Haus des Kranken an. Er war nicht mehr bei sich, und man sah, dass es in wenig Augenblicken ausgehen werde. Die Mutter und einige Verwandte verlangten, ich sollte Weihwasser über ihn her schütten und Kreuze machen. Da ich sah, dass dies alles in reichlichem Maße bereits geschehen und hier der Aberglaube noch recht zu Hause war, so machte ich ihnen nur kurz begreiflich, dass diese Dinge dem Kranken, der nichts mehr um sich wisse, nichts nützen können, und forderte die Menge der Anwesenden auf, im Stillen für den Kranken mir nachzubeten. Und so geschah es.

Allein am folgenden Tag schrien die Mutter und die Verwandten des Verstorbenen, ich sei nicht mehr katholisch, ich hätte dem Kranken kein Weihwasser gegeben. Auch der Umstand wurde vorgesucht und zur Sprache gebracht, dass ich ihm die letzte Ölung nicht erteilt habe, obgleich Zeit und Zustand des Kranken es nicht mehr erlaubten. Ich suchte daher bei der Beerdigung des jungen Menschen sowohl zur Belehrung als zum Trost der Leidtragenden, in der Leichenrede die alte Wahrheit zu wiederholen, dass nur der Glaube an Christus, der sich durch tätige Liebe beweise, den Menschen selig mache, und nicht Weihwasser und äußerliches Versehenwerden, und zeigte dabei, dass Sakramente und Zeremonien nur Mittel seien, diesen Glauben anzufachen und zu stärken.

Allein das Geschrei legte sich nur wenige Tage und nur darum, um sich dann doppelt zu erheben. Nun war auch die Leichenrede nicht katholisch. Ich sah bald, dass die Sache unterlegt war und dass ich es mit Höheren zu tun hätte. Ich teilte also die Leichen-rede zweien meiner Amtsbrüder in Freundschaft mit, um sie eines Bessern zu überzeugen. Der eine fand sie ganz katholisch und durchaus unanstößig, der andere ganz lutherisch und katholischen Ohren ärgerlich. Er schickte mir eine große Kritik, eine derbe Lek-tion und die Anzeige, dass er diese, obgleich in Freundschaft mit-geteilte Leichenrede dennoch amtshalber dem bischöflichen Vika-riate zugeschickt und den ganzen Vorfall berichtet habe.«

Am 31. März 1822 erhielt Henhöfer die Vorladung zur Verantwor-tung vor dem Bruchsaler Generalvikariat. Er wurde gleichzeitig von allen Funktionen seines Amtes suspendiert und sollte sich bin-nen acht Tagen stellen. Seine Ankunft in Bruchsal erfolgte am Osterdienstag, dem 9. April.

Julius von Gemmingen begleitete ihn bis Karlsruhe. Er gab ihm ein Neues Testament in der Übersetzung von Leander van Eß mit auf den Weg mit der Widmung: »Unser Jesus liebt die Seinen, bis ans Ende liebt er sie. Seelen, fasst dies auch im Weinen, euer Trostgrund liegt allhie. 9. April 1822. Zum Andenken und Ermutigung von Ihrem aufrichtigen und ewig dankbaren Freund Julius.«

In Bruchsal wurde ihm das Seminar zur Wohnung angewiesen. Sowohl Henhöfer als auch die Gemeinde Mühlhausen hofften, dass in einer Woche alles entschieden sein werde. Aber da irrten sie sich gewaltig. Er war bereits acht Tage in Bruchsal, ohne offiziell die nähere Ursache seiner Vorladung zu kennen.

In dieser Zeit haben Julius von Gemmingen und dessen Frau den so bedrängten Henhöfer liebevoll umsorgt. Eine ganze Reihe köst-licher Trostbriefe der beiden waren ihm eine ganz besondere Stär-kung. Vom 15. April bis zum 25. Juni schickte der Freiherr nicht we-niger als zehn Briefe nach Bruchsal. Der erste beginnt mit der Anrede »Lieber Freund!« und schließt mit den Worten: »Gedenken Sie auch im Gebet Ihres dankbaren Freundes Julius.«

Was er durch Henhöfer empfangen hatte, hat er am 15. April 1822 folgendermaßen ausgedrückt: »Ach, ich bin es, der Ihnen tausend, tau-send Dank schuldig ist. Ihre liebevollen Zurechtweisungen, zärtliche Teilnahme an allen meinen Leiden, den wohlmeinenden Rat in jedem Anliegen und den Weg zu Christus, den Sie mich und meine Kinder mit rastlosem Eifer kennen lehrten, ja alles dies, wie könnten wir Ih-nen es genug danken! Nein, dies wird einst der Vater im Himmel lohnen. Dort, dort wollen wir ihm vereint danken, dass er unseres Elendes sich erbarmte, und ihm ein fröhliches Halleluja anstimmen.«

Inzwischen kam auch schon der Vogt von Mühlhausen mit vielen Unterschriften der Bürger von Mühlhausen, die um die Rückkehr ihres Hirten baten. Endlich legte man ihm etwa achtzig Anklagepunkte vor. Henhöfer wünschte eine Untersuchung in Mühlhausen selber, aber die Behörde ging nicht darauf ein. Seine mündlichen und schriftlichen Vorstellungen halfen nichts. Mittlerweile waren bereits zehn Wochen verflossen, ohne dass vom Vikariat eine Entscheidung getroffen worden war.

Da begann Henhöfers Gesundheit zu wanken. Es war auch kein Wunder. Der lange Aufenthalt im Seminar, wo er außer einem schmutzigen Bett, einem Tisch und zwei hölzernen Stühlen nichts hatte, der Ekel und manches andere Ungemach hatten ihn krank gemacht. Er schrieb darüber:»Von übrigem Verfahren will ich schweigen, doch das werde ich sagen dürfen, dass ich zehnmal lieber vor einem weltlichen, als einmal vor diesem Gericht, und lieber zehnmal vor meinem Fürsten, als einmal vor einem gewissen Großinquisitor erscheinen will.«

Henhöfer reichte seine Bitte ein, nach Steinegg zur Wiederherstellung seiner Gesundheit gehen zu dürfen; sie wurde jedoch abgeschlagen. Die weitere Antwort darauf war, dass er in engeren Gewahrsam genommen wurde. Jeder Besuch war jetzt verboten. Eine nochmalige Bitte blieb unbeantwortet.

Schließlich erhielt er acht Tage Urlaub und traf am 30. Juni 1822 im Schloss Steinegg ein. Er hatte die strenge Anweisung bekommen, sich ruhig zu verhalten und keine neue Beschwerde zu veranlassen. Als er wegen seiner geschwächten Gesundheit um Verlängerung des Urlaubs nachsuchte, bekam er nacheinander zwei Erlasse, innerhalb dreimal vierundzwanzig Stunden im Seminar zu sein.

In Steinegg hatten ihn viele Mühlhausener besucht, was wohl an das Vikariat in Bruchsal gemeldet worden war. Als sein Urlaubsgesuch abgelehnt war, legte Henhöfer ein ärztliches Zeugnis und zugleich eine Abhandlung vor, in der er seine Bedenken über Abendmahl und Messopfer niedergelegt hatte. Diese Schrift, die sich auf die Brotverwandlung, auf die Anbetung der Hostie und auf die Messe bezog, schickte er am 25. Juli 1822 dem bischöflichen Vikariat. Gegen Ende schrieb er:»Da ich nun wider meine Überzeugung nicht lehren kann, auch nicht ein Heuchler sein mag, so möchte ich recht sehr um schriftgemäße und schriftliche Widerlegung meiner Gründe bitten. Bin ich widerlegt, so werde ich der eifrigste Katholik und Verteidiger der Kommunion werden, wenn nicht, so steht es ja einem Hochwürdigen Vikariat immer frei, mich aus ihrer Mitte auszuschließen. Ich will mir eher alles gefallen lassen, als in so wichtigen Sachen wider meine Überzeugung handeln.«

In den Tagen und Nächten vorher war er durch schwere innere Kämpfe gegangen: »Ich vergesse nicht die schlaflosen Nächte, die ich in Steinegg im Kampfe zugebracht habe, ob ich die Wahrheit frei bekennen oder zurückhalten solle. Ich sah wohl, was es galt, meine Pfarrei und irdische Existenz. Aber ich wollte doch lieber mit der katholischen Kirche als mit Gott verstoßen.«

Aus der katholischen Kirche ausgeschlossen

Nach seiner so entschiedenen Erklärung war vorauszusehen, dass das Generalvikariat ebenso entschieden handeln würde. Jedoch erhielt Henhöfer erst am 16. Oktober 1822 die Mitteilung, dass er aus der katholischen Kirche ausgeschlossen sei. Zugleich bot man ihm an, ihn wieder mit offenen Armen aufzunehmen, wenn er sich in Bruchsal oder in Freiburg eines Besseren belehren lassen wolle. Henhöfer wählte Freiburg, weil er von Bruchsal nichts Gutes erwartete. Auf seine Mitteilung hin erhielt er von Bruchsal weder Weisung noch eine Antwort. Er war und blieb somit ausgeschlossen aus seiner Kirche und war nun ein abgesetzter Pfarrer ohne Amt und Brot.

Auf Steinegg hatte er vorerst Zuflucht gefunden. Dort vollendete er auch in einem Gartenhäuschen im September des Jahres 1822 sein »Christliches Glaubens-Bekenntnis«. Es ist die bedeutendste Schrift Henhöfers und war schon in der Einsamkeit zu Bruchsal gereift und zum Teil auch geschrieben worden.

In der Vorrede stellt er die Lehre der Schrift der Lehre der katholischen Kirche gegenüber. Am Anfang stehen die drei wichtigsten Punkte:

»In der Schrift steht, dass Christus allein unser Mittler und Fürsprecher bei Gott und der einzige Grund unsers Heils sei (1. Timotheus 2, 5; 1. Johannes 2, 1; Apostelgeschichte 4, 11. 12) –

in katholischer Kirche will man aber auch noch die Verdienste und die Fürsprache Mariens und der Heiligen Gottes dazu haben. Christus ist als zorniger Richter hingestellt, Maria hingegen steht als Vermittlerin an Christi Statt.

In der Schrift steht, daß Christus mit *einem* Opfer die Geheiligten auf ewig vollendet habe und dass es hinfort, da die Sünden dadurch vergeben sind, keines Opfers mehr bedürfe (Hebräer 10, 14) – in katholischer Kirche wird aber Christus täglich in der Messe aufs Neue Gott geopfert.

In der Schrift steht, dass der Mensch umsonst und aus Gnaden selig werde durch den Glauben ohne alle Werke (Römer 3, 24–26; 4, 5; Epheser 2, 8–10) – in katholischer Kirche wird aber die Hoffnung gepflanzt sowohl auf eigene Werke als auch auf das Verdienst der Heiligen, auf kirchliche Satzungen und Ablässe.«

Über sein Glaubensbekenntnis, das vielen zum Segen gereichte, schrieb Henhöfer später: »Nun gab ich mein Glaubensbekenntnis heraus, immer in der Hoffnung, durch einen geschickten Widerleger überzeugend von der Wahrheit der katholischen Grundsätze belehrt und so mit dieser Kirche ausgesöhnt zu werden, denn ich war ungern getrennt von einer Kirche, die mich erzogen, mir viel Gutes erwiesen hatte und in der es der Arbeit und der hungrigen Seelen so viele gibt. Gerne hätte ich widerrufen und um Wiederaufnahme gebeten. Dazu hatten mir auch Leute geraten, denen ich Achtung, Liebe und Dankbarkeit schuldig war. Ja, selbst meine zeitlichen Umstände hatten mir dies geraten, denn ich war ohne Vermögen und wusste nicht, ob und wo ich Wiederaufnahme und Brot finden würde. Tag und Nacht rangen Gottes Wort und meine Verhältnisse miteinander. Doch wollte ich am Schluss lieber Brot als meine Überzeugung aufgeben, in der Hoffnung, dass mir Gott auch wieder Brot verschaffen werde, und Gott sei Dank, es ist geschehen, ich habe Arbeit und Brot.« So schrieb er, als er schon Glied der evangelischen Kirche und Pfarrer in Graben bei Karlsruhe geworden war.

Henhöfer war aus seiner Kirche ausgeschlossen. Was aber sollte aus seiner Gemeinde werden? Das Generalvikariat in Bruchsal wusste wohl, dass er in Mühlhausen einen starken Anhang hatte. Um die Gemeinde wieder mit der katholischen Kirche auszusöhnen, hatte man schon am 24. Mai 1822 den Pfarrverweser Johannes Joseph Baumann aus Nußloch nach Mühlhausen gesandt. Weil er mit allzu großem Eifer ans Werk ging, erreichte er das Gegenteil dessen, was er beabsichtigte. Er eiferte sich für die von Henhöfer gering geachteten Zeremonien, für das Messopfer und für die Verehrung Christi im Tabernakel. Durch seine schroffe Haltung wurde der Zwiespalt in der Gemeinde immer größer. Die Schuld an den Zerwürfnissen gab man denen, die sich auf die Bibel beriefen. Einmal beschwerte sich Baumann beim Amt, dass ein Hausvater in der Nähe des Pfarrhauses mit seinen Kindern am Abend ein Lied aus einem evangelischen Buch gesungen habe. Da entstand bei vielen der Wunsch, aus der katholischen Kirche auszutreten. Henhöfer aber hielt sie noch zurück und mahnte die Leute zur Geduld, zum Gebet und zum Glauben und machte ihnen Hoffnung auf bessere Zeiten unter einem vernünftigen Pfarrer.

Auf seiner »Wartburg«, wie er Schloss Steinegg, seinen Zufluchtsort, nannte, war Henhöfer nicht untätig. In der Schlosskapelle, die allerdings sehr klein war, predigte er sonntags und unter der Woche. Das waren die viel geschmähten und gefürchteten »Zusammenkünfte in Steinegg«. Der Zudrang war außerordentlich stark, von allen Seiten strömten die Leute herzu.

Ein Augen- und Ohrenzeuge aus jener Zeit berichtet: »Ich war in Kleinsteinbach als Geselle bei meinem Meister Brückel, einem Schreiner, der Henhöfer seine Erweckung verdankte und mit ihm sehr innig verbunden war. Er nahm mich mit. In der Nacht brachen wir auf, fünf Stunden weit nach Mühlhausen zu gehen. Ich selbst hatte meine innere Unruhe, die ich von drunten am Rhein mitgebracht hatte, weggeworfen und wollte in die Welt hineinleben. Ich dachte nicht daran, dass ich dort hören sollte, was ich noch nicht gehört hatte. Als wir nach Steinegg kamen, war der ganze Schlosshof voll. Es war keine Möglichkeit, in die Kapelle zu kommen. Mein Meister führte mich durch die Gänge des Schlosses, damit ich durch die Sakristei käme und doch etwas hörte. So stand ich in der übervollen Kapelle gerade unter der Kanzel. Als ich den Mann kommen sah, musste ich mich fast des Lachens erwehren. Was wird der wissen?, dachte ich. Aber als er anfing, da verging mir alles. Er deckte so mir mein Herz auf, dass ich nicht wusste, wohin schauen. Dann predigte er so gewaltig von der Liebe Gottes in Christus, dass es mir ging wie vielen in jener Zeit: Der Baum fiel auf einen Streich. Da war auch ein katholischer Vogt gekommen. Der hatte sich's vorgenommen, die Predigt Wort für Wort zu schreiben und dann bei Amt und Geistlichen anzuzeigen. Aber schon bald hörte das Schreiben auf. Schwere Tränen hingen ihm in den Augen. Als die Predigt zu Ende war, ging er hinein in die Sakristei und bat auf die herzlichste Weise um Vergebung.

Ein Säufer und Spieler hat sich wenige Wochen später mit uns aufgemacht, ihn zu hören – es war um ihn geschehen. Mit Tränen der Buße kam er nach Hause und bat alle um Vergebung, sodass seine Frau ihn anstarrte und ihn mit Schimpfworten überschüttete, weil er ein Betbruder geworden sei. Der Mann aber blieb ruhig und wurde ein stiller, gläubiger Mensch.«

Henhöfers Verbindung mit Schreiner Georg Friedrich Brückel in Kleinsteinbach blieb bestehen. Wiederholt erwähnt ihn Henhöfer in den Jahren 1823–1830 in seinem Tagebuch. Seine Tochter Elisabeth wohnte im Winter 1837/38 während des Konfirmandenunterrichts in Spöck und wurde am 8. April 1838 von Henhöfer konfirmiert.

Als Henhöfer, der amtsenthobene Priester, im Winter 1822/23 im Schloss Steinegg wohnte, ging von seiner Verkündigung in der Schlosskapelle eine Geistesmacht aus, die seine Hörer tief ergriff. Es war nur natürlich, dass sich der Ärger der Geistlichen der Umgebung und der katholisch Gebliebenen steigerte und dass sie um jeden Preis Henhöfer fort haben wollten. In der Kapelle war noch ein steinernes Bild der Maria, eine »schwarze Mutter Gottes«; die sollte nicht mehr in der entweihten Kirche bleiben. In einer Nacht stieg ein Mann durchs Fenster, holte sie heraus und trug das schwere Kleinod in der hellen Mondnacht auf dem Rücken hinunter nach Mühlhausen. Herr von Gemmingen sah zu und ließ den Mann ziehen.

Schon vor der Zeit des Übertritts hatte Pfarrverweser Baumann eine Eingabe an das Oberamt gemacht: »Am besten für das ganze Gebiet wäre es, wenn Herr Pfarrer Henhöfer ganz aus dem Gebiet weggewiesen würde, und zwar weit weg; sonst gibt es keine Ruhe.«

Der Übertritt in die evangelische Kirche

Wie sollte es jetzt weitergehen? Henhöfer schreibt:»Es war nie meine Absicht, weder selbst von dieser Kirche zu gehen noch andere wegzuführen, sondern in dieser Kirche wollte ich wirken für Christus und sein Reich, für einen reinen, von Missbräuchen und Vorurteilen befreiten, in Liebe tätigen Glauben, weil ich für mich der Überzeugung war, dass dies der echte Sinn der katholischen Kirche wäre und daher auch sein müsste.« Henhöfer mahnte zur Geduld, weil er immer noch der Meinung war, die wahre katholische Lehre zu vertreten. Doch konnten es vier Männer aus Mühlhausen nicht mehr mit ihrem Gewissen vereinbaren, in dieser Kirche zu bleiben, die das Evangelium verfolgte. Sie gingen am 22. Dezember 1822 zum Pfarrverweser und erklärten ihren Austritt.

Den entscheidenden Schritt tat Julius von Gemmingen, als er im Januar 1823 während einer Landtagssitzung in Karlsruhe war. Er erhielt dort am Samstagabend, den 18. Januar, zusammen mit einem Brief Henhöfers eine Eingabe im Namen von vierzig Familienvätern aus Mühlhausen mit der Bitte, er möge sich als Patronatsherr beim Landesherrn für den Bau einer eigenen Kirche und für die Rückkehr Henhöfers als Pfarrer einsetzen.

Was am darauf folgenden Sonntagmorgen geschah, hat er noch am selben Tag in einem Brief an Henhöfer festgehalten, in dem es heißt: »Ich ging zum Großherzog; es waren der Kriegsminister und der Leibmedikus bei ihm. Auf meine Angabe, dass ich warten wolle, bis diese Herren fertig wären, oder um eine andere Stunde bitten, nahm er mich in ein inneres Zimmer und ließ die Herren alle stehen. Obwohl ich mehr Zeit gewünscht hätte, als einem gegönnt ist, wenn man Minister warten weiß, so fasste ich mich kurz und dringend, wobei ich ihm sagte:›Ich glaube, es wird diese Sache einen schönen Edelstein in die Krone Seiner Regierung geben!‹ Er schien dadurch und durch mein freimütiges Bekenntnis zum Evangelium gerührt zu sein und versprach, alles Mögliche zu tun, besonders wenn er überzeugt sei, dass es reine Sache des Evangeliums und keine Betbrüderei, wie er es nannte, ist. Sind wir einmal eine wahrhaft evangelische Gemeinde und Sie unser Hirte, so wird Gott das Weitere schon fügen. Ich habe, seit ich hier bin, so auffallende Beweise von Gottes großer Gnade, Langmut und Liebe erfahren, dass mein Vertrauen gar mächtig gewachsen ist. In diesem will ich ruhen und in allem auf seine Hilfe hoffen.

Vom Herrn Großherzog ging ich dann zum Minister von Berckheim; alle traf ich heute glücklicherweise an. Dieser sah die Sache aus einem recht guten Licht an. Nun erwartet der Großherzog durch zwei Mühlhausener die Bitte in der Audienz, hauptsächlich dass die Kirche paritätisch und Sie unser Pfarrer würden. Ich würde sie dann begleiten und meine Erklärung mündlich wiederholen, sodass es dann in die Akten aufgenommen und zur beschleunigten Einleitung gelangen kann. Der Herr führe nun seine Sache weiter und gebe uns in Christus Jesus Kraft, Geduld und Demut, die wir alle in vollem Maße werden vonnöten haben. Doch wenn wir nur in ihm bleiben, so wird alles gut gehen, und getrost sehe ich einer schönen Zukunft entgegen.

Der Herr erfreue Ihr und aller der Unsrigen Herz durch diesen Brief, wie er so gnädig heute heimgesucht hat sein unwürdiges Kind, aber Ihren herzlichen Freund, der sich dankbar nennt

Julius.

Viele tausend herzliche Grüße an mein gutes Weib, meine lieben Kinder und alle, die den Heiland lieb haben.«

Welchen Eindruck dieser Brief auf Henhöfer gemacht hat, zeigt seine Antwort, die uns einen Blick in seinen Gemütszustand tun lässt. Man fühlt, wie in ihm unter schwerem Kampf das letzte Band zerreißt, das ihn trotz aller Enttäuschungen an seine Kirche fesselte.

»Lieber gnädiger Herr!   Steinegg, den 28. Januar 1823
Gnade und Friede Ihnen von Gott, unserm Vater, und dem Herrn Jesus Christus.

Ich habe Ihren Brief vom 19. dieses Monats erhalten, einen Brief, den nicht Sie, sondern den der Geist Gottes durch Sie geschrieben hat, und der es verdient, zu seiner Zeit einst öffentlich bekannt zu werden. Es ist wohl dieser Brief in seinem Inhalt der merkwürdigste, den Sie je in Ihrem Leben geschrieben haben, und darum soll er auch mir und Ihren Nachkommen als ein ewig denkwürdiges Familienstück aufbewahrt werden. Hören Sie nun auch, wie Ihr Brief ankam und welchen Eindruck er auf uns gemacht hat.

Es war abends zwischen 5 und 6 Uhr, als der Bote kam und die Post brachte. Wir alle saßen beisammen um den Tisch herum. Ein Brief von Ihnen so unerwartet, so schnell – das fiel mir auf. Ich las bald still für mich, bald wiederholte ich es für die Anwesenden laut. Um Gottes willen, was soll da werden! Es ist ein Freudenbrief, das sah ich bald, wir alle sollen Gott danken für ein frohes Ereignis, für eine frohe Botschaft, die Sie uns mitteilen wollen. Die Aufmerksamkeit aller war auf das Höchste gespannt. Wie mir war, kann ich Ihnen nicht sagen. Äußerlich lachte ich, aber willkürlich, doch innerlich schwebte mein Herz zwischen Furcht und Erwartung. Endlich kam ich zur entscheidenden Stelle: ›Ja, lieber Freund, der Sie uns den Weg zu Christus durch das ewige wahre Wort so treu gezeigt haben, empfangen Sie aus meinem dankbaren Herzen die frohe Kunde und sagen Sie es gleich meinem guten, lieben Weib, welche Christus früher als ich in ihr Herz aufnahm, dass auch ich mit meinem ganzen Hause der römischen Kirche den Abschied gegeben habe.‹

Hier musste ich halten, ich konnte nicht mehr weiterlesen. Wir alle waren betroffen; eines sah das andere an. Die Mutter und die Kinder wurden rot. Furcht und Freude wechselten in ihren Gesichtern, wie es bei solch unerwarteten Neuigkeiten geschieht. Ich aber mag bleich gewesen sein wie der Tod. Endlich las ich Ihren Brief zu Ende, und zur Freude und zum Dank wendete sich alles. Nur in meinem Herzen war keine Ruhe. Der Geist der Gnade hatte mich verlassen, und der Unglaube mit seinen Gefährten kämpfte so mächtig in mir, dass ich mitten im strengsten Winter in Schweiß kam. Ich mir selbst ein Rätsel, der größte Widerspruch. Von der Wahrheit der Sache überzeugt, mit dem Wunsch, dass doch jedermann das Evangelium erkennen, annehmen, danach handeln möchte, unzufrieden mit allem, was in der katholischen Kirche nicht damit übereinstimmt, im Begriff, selbst dieser Kirche durch einen äußerlichen Schritt für immer den Abschied zu geben, wollte mir doch dieser Ihr Schritt in dem Augenblick mehr Last als Freude sein. Das Erste, was mich bei diesem großen Schritt drückte, war mein Unvermögen, meine innerliche Unwürdigkeit, die mir durch Ihr geistvolles Schreiben noch mehr fühlbar geworden war. Ach, wie kann durch dich untreues und unwürdiges Werkzeug der Herr so große Dinge tun? Das ist ja kaum möglich, so dachte ich, und dieser Gedanke drückte mich ganz zu Boden. Dann fiel mir wieder bald Ihre, bald meine Verwandtschaft ein, Freunde, die Welt, die hiesige Lage, die ganze katholische Kirche mit ihren Verfolgungen, wovon wir jetzt schon so einen Vorgeschmack haben, die neue Einrichtung in Mühlhausen, und ich weiß nicht, was für Dinge sonst noch. Dies alles lag so schwer auf mir, dass ich es kaum tragen konnte. Nichts, gar nichts hatte ich vor dem Feinde gerettet als diesen Gedanken, der weder Kraft noch Stärke mir geben konnte. Ich wurde bös auf mich selbst, auf meinen Unglauben, der mir alle Freude verdarb, indes andere innigst vergnügt Tränen des Dankes über Ihren Brief weinten.

Doch der Herr, dem dieses ganze und große Werk angehört und der es zu dieser Tiefe gebracht hat, tröstete und stärkte mich wieder. Und nun wünsche ich nichts mehr, als dass es vorangehe, bald daran gehe. Ich hoffe zu Gott, in dessen Namen wir das Werk angefangen haben, ohne nur je diesen Ausgang zu ahnen, und auf dessen Namen wir es auch fortsetzen wollen, er werde aufs Neue sein Wort segnen an unseren und noch vieler Herzen und es nicht leer zurückkehren lassen, und dieses hoffe ich umso mehr, da auffallend seine Hand dies alles selbst, wider meinen Willen, so geleitet hat. So will ich denn alle Sorge auf ihn werfen und ihm danken, tausendmal danken, für alles, was er an uns getan, für alles, was er an Ihnen getan, auch für die Standhaftigkeit und den Mut, womit er Sie ausgerüstet hat, furchtlos und treu seinen Namen öffentlich zu bekennen. Der Herr hat Großes an uns getan, des sind wir fröhlich, und noch Größeres wird er tun; das hoffe ich gewiss. Wir wollen nur beten und ihm vertrauen! Das Eis ist nun gebrochen, der erste und schwerste Schritt getan; auch das Übrige wird der Herr zustande bringen zur Ehre und zum Preis seines heiligen Namens. Ich bin überzeugt, sagt Paulus, dass derjenige, der das gute Werk angefangen hat, es vollführen wird auf den Tag Jesu Christi hin.

Oft habe ich gedacht, ob es denn nicht möglich wäre, in der katholischen Kirche zu bleiben, ohne die Wahrheit zu verleugnen, aber täglich überzeuge ich mich mehr vom Gegenteil. Gott hat kräftige Irrtümer über diese Kirche kommen lassen, darum weil sie die Liebe zur Wahrheit nicht angenommen hat zu ihrer Seligkeit. Eigengerechtigkeit ist der ganze Endzweck dieser Kirche; das heißt aber Christus und den Glauben verleugnet. Man hat dich gewogen, so wird einst der Richter zu allen Selbstgerechten sprechen, und du bist zu leicht erfunden worden. O darum, lieber gnädiger Herr, sei Christus unser Ein und Alles. Seine Gerechtigkeit sei unser Hochzeitskleid. Darein wollen wir uns einkleiden, damit uns schmücken, wenn wir einstens zum großen Hochzeitstag des Lammes gehen werden. Ja, amen! Es geschehe! Gott erhalte uns nur sein liebes, teures Evangelium und gebe uns die Gnade, dass wir es rein und lauter auch auf unsere späteren Nachkommen vererben. Machen Sie den Aaron und seien Sie Christi Fürsprecher auf Erden, wie er der unsre dort im Himmel ist! Gott mit Ihnen! Ich bin Ihr im Herrn verbundener

Henhöfer.«

Der evangelische Buchhändler Johann Heinrich Geiger in Lahr hatte ihm am 13. Januar 1823 geschrieben:»Sie wollen mit einem Teil Ihrer Gemeinde die katholische Kirche verlassen und zu der evangelisch-protestantischen übergehen; dem Aberglauben entfliehen und sich dem Unglauben in die Arme werfen. Ich rate Ihnen, und man kann es Ihnen nicht wehren, mit Ihren Gemeindegliedern Privaterbauungsstunden in einem Privathause zu halten, denn dies dürfen auch die Herrnhuter in Karlsruhe und anderwärts. Ihre Bedürfnisse als einzelner Mann sind nicht groß, und lange wird die Zeit nicht mehr sein, wo der Herr, der über Land zog, zurückkommen wird.«

Durch den Schritt, den Julius von Gemmingen am 18. Januar 1823 in Karlsruhe getan hatte, war der weitere Weg von Gott klar gewiesen. Deshalb bat Henhöfer am 7. März 1823 um Aufnahme in die evangelisch-protestantische Kirche. Im Blick auf diese Entscheidung schreibt Wilhelm Heinsius in seinem Buch:»Aloys Henhöfer und seine Zeit«:

»Es war für Henhöfers ganzes Leben von entscheidender Bedeutung, dass er dem so nahe liegenden Gedanken, eine separierte Gemeinde zu gründen, der ihn in die Enge und Wirkungslosigkeit einer kleinen Sekte geführt hätte, nicht nachgab. Nur im Anschluss an eine der großen, geschichtlich gewordenen Kirchen konnte er seine Gaben fruchtbar entfalten und innerhalb der Grenzen der badischen Landeskirche eine geschichtliche Aufgabe erfüllen.« Der Herr hat diesen Weg dazu benützt, in der evangelischen Kirche in Baden neues Leben zu erwecken, aus dem 26 Jahre später der Evangelische Verein für innere Mission A.B. erwachsen ist.

Aloys Henhöfer wurde am 22. März 1823 unter die evangelischen Pfarrkandidaten aufgenommen. Am 6. April 1823, dem Sonntag Quasimodogeniti, fand in der Schlosskapelle Steinegg in einem feierlichen Gottesdienst der Übertritt von vierundvierzig

Familien mit 220 Seelen statt, darunter die Familie des Freiherrn von Gemmingen. Nachdem die neue Gemeinde ihr Glaubensbekenntnis abgelegt hatte, empfing sie von Dekan Sachs aus Karlsruhe das Heilige Abendmahl mit Brot und Wein.

Am 18. April 1823 wurde Henhöfer in Pforzheim ordiniert. Die junge evangelische Gemeinde in Mühlhausen hätte ihn gern als ihren Pfarrer behalten. Doch wurde er am 1. Juli 1823 zum Pfarrer von Graben ernannt. Was für eine Aufgabe ihn dort erwartete, hatten Pfarrer Wilhelm Köllner (1760–1835) und Christian Friedrich Spittler (1782–1867) von der Deutschen Christentumsgesellschaft in Basel erkannt, als sie ihm am 26. April 1823 schrieben:

»In Christus Jesus, unserm Heiland,
geliebter Freund und Bruder!

An Ihrem bisherigen Schicksal, das sich mit dem förmlichen Übertritt zur evangelischen Konfession geendigt hat, kann wohl niemand mehr und herzlicher Anteil genommen haben als das hiesige Zentrum der Deutschen Christentumsgesellschaft. Wir haben eine ansehnliche Partie Exemplare Ihres Glaubensbekenntnisses in der Schweiz verbreitet und freuen uns, dass dasselbe noch immer Abgang und Beifall findet, und zwar nicht nur bei Evangelischen, sondern auch bei Katholiken, die mit der Bibel bekannt sind.

Es wird Ihnen ebenso gut wie uns bekannt sein, dass die evangelische Geistlichkeit in dem Umfang der badischen Staaten mehr oder weniger von dem leidigen Zeitgeist angesteckt ist und man nur äußerst selten einen Evangelisten unter ihnen findet. Sollten Sie nicht unter Gottes Beistand einen gesegneten Einfluss auf die Amtsbrüder in Ihrer nächsten Umgebung erhalten und so das Werkzeug werden können, dass das reine Evangelium mehr Raum im Badischen bekäme? Ach, Sie können nicht glauben, was für eine Unwissenheit und Gleichgültigkeit in Ansehung des Christentums in manchen Gegenden des badischen Landes herrscht. Da tun Missionare so nötig als unter Hottentotten.«

Der Brief schließt: »In der Liebe Jesu Christi sehen wir einer baldigen Nachricht entgegen, die uns sagen wird, wie Sie diese Zeilen aufgenommen haben, und sind in jedem Falle Ihre auf Jesu Tod verbundenen Freunde und Brüder

W. Köllner und C. F. Spittler.«

Evangelischer Pfarrer in Graben
(1823–1827)

Der Anfang in Graben

Am Anfang des Jahres 1823 wurde der bisherige Pfarrer in Graben, Gottlob Beck, geboren 1784 als Pfarrerssohn in Langensteinbach, auf die zweite Pfarrei in Durlach berufen. Christoph Käß schreibt über ihn in seiner Schrift »Die religiösen Privatversammlungen« (1834): »Henhöfers unmittelbarer Vorgänger hatte mit großem Eifer das Amt Johannes des Täufers verwaltet und damit die Wirksamkeit Henhöfers ungemein vorbereitet.« Ihm lag auch die Verbreitung von Bibeln in der Gemeinde sehr am Herzen. Im Oktober 1820 erhielt er für seine Gemeinde vom badischen Bibelverein zwanzig Exemplare der Heiligen Schrift zu je einem Gulden. Die Namen der Empfänger sind auf einer alten Liste im Pfarramt in Graben festgehalten. Am 9. Februar 1821 wurde die erste Versammlung der »Bibelgesellschaft Graben« abgehalten. Sie hatte damals 18 Mitglieder, darunter der Vogt Süß, der Bürgermeister Jakob Seeger und der Schullehrer Maag. So war in einer Zeit, in der Henhöfer in Mühlhausen mit großem Eifer die Heilige Schrift in die Häuser brachte, auch in Graben damit ein Anfang gemacht.

Um die erledigte Pfarrei bewarben sich acht jüngere Geistliche, unter ihnen Christoph Käß in Hochstetten, der 1827 Henhöfers Nachfolger in Graben wurde. Die evangelische Kirchensektion hatte den Dienstältesten ausersehen und bat am 6. Mai 1823 den Großherzog, »Seine Königliche Hoheit möge geruhen, dem Pfarrer Eisenlohr in Singen die erledigte evangelische Pfarrei Graben allergnädigst zu verleihen«.

Der Großherzog, der Henhöfer am Pfingstmontag in Rüppurr gehört hatte, setzte sich aber über diese Bitte hinweg, und erwirkte folgenden Beschluss von 21. Juni 1823:

»Für den Pfarrkandidaten Aloys Henhöfer ist nachstehende Signatur anzufertigen:

Wir, Ludwig, von Gottes Gnaden Großherzog zu Baden, haben

uns gnädigst entschlossen, die erledigte Pfarrei Graben dem bisherigen Pfarrkandidaten Aloys Henhöfer von Mühlhausen mit der darauf geordneten, vom 23. Juli dieses Jahres für ihn anfangenden Besoldung in der Erwartung zu übertragen, dass er sich in Lehre und Leben, wie bisher, dem Evangelium gemäß untadelhaft erweise und dem ihm anvertrauten Pfarramte mit allem Fleiß und Eifer abwarten werde. Wir versichern Ihnen dessen durch gegenwärtige mit der gewöhnlichen Unterschrift und dem größeren Ministerial-Endsiegel versehene Fertigung.

Ministerium des Inneren, Karlsruhe, Evangelische Kirchensektion.«

Am 28. Juni 1823 wurde Henhöfer aufgefordert, die Pfarrei Graben binnen vier Wochen zu beziehen. Am Samstag, den 26. Juli 1823, schrieb er in sein Tagebuch:»Mit Herrn von Gemmingen mittags 12 ¹/₂ Uhr ganz still im Pfarrhause zu Graben angekommen. Abends Besuch bei den Vorgesetzten.« In Graben war das Gerücht verbreitet worden:»Ihr kriegt einen katholischen Pfarrer.« Andere aber hatten gesagt:»Er ist der zweite Apostel Paulus.« Am Sonntagmorgen trauten die Grabener ihren Augen kaum, als aus dem Wald und auf den Feldwegen ganze Scharen herbeiströmten und die noch geschlossene Kirche umstanden. Es waren Leute aus Mühlhausen, aus Pforzheim, aus Eisingen und aus dem Württembergischen, sogar aus der Gegend von Stuttgart, die in der Nacht aufgebrochen waren, um Henhöfer zu hören. Manche hatten sich unterwegs angeschlossen:»Wir hatten eben gedacht, wo so viele hingehen, da wollen wir auch mit, weil wir gehört haben, dass in Graben ein ›arger‹ Pfarrer ist.«

Von Dekan Sachs wurde er an diesem Sonntag eingeführt. Am Tag darauf war Visitation, und die Kirchenvorsteher erklärten auf die Frage, ob bei ihnen Versammlungen oder Pietisten wären:»Nein, es sind alle einig!« Henhöfer sagte später (1853) zu seinem Vikar Emil Frommel (1828–1896):»Das ist gerade, wie wenn der Herr Dekan auf den Kirchhof gegangen wäre und hätte draußen bei den Toten gefragt: ›Ist hier Leben, Kampf oder Streit?‹ ›Nein‹, würden die sagen, ›wir sind alle einig, wir sind alle mausetot.‹ Das ist auch eine Einigkeit!«

Der Anfang in Graben fiel Henhöfer schwer. Er vermisste die Brüder und Schwestern, die durch ihn in Mühlhausen zum Glauben gekommen waren. Der bauliche Zustand von Kirche und Pfarrhaus war beklagenswert. Die Sakristei war feucht und stark vermodert. Im Jahr 1826/27 musste ein neues Pfarrhaus gebaut werden. Das alte wurde am 5. Mai 1827 zum Preis von 3400 Gulden versteigert. Vierzehn Tage später zog Henhöfer nach Spöck. Der Zulauf zu seinen Predigten mehrte sich. In einem Bericht des Dekanats Stein vom 23. August 1823 heißt es: »In dem Orte Eisingen hat der allgemein Aufsehen erregende, früher in Mühlhausen katholische, nun aber zur evangelischen Kirche übergetretene und als evangelischer Pfarrer zu Graben angestellte Pfarrer Henhöfer viele Anhänger gefunden, die scharenweise, so wie früher nach Mühlhausen, nun auch nach Graben zu ihm wallfahrten« – das war gerade vier Wochen nach dem Beginn seiner Wirksamkeit in Graben.

Viele Gottesdienstbesucher wurden erweckt und trugen das neue geistliche Leben in ihre Gemeinden. Dort kamen sie mit anderen suchenden Menschen zusammen, erzählten, was sie gehört hatten, und luden sie ein. So entstanden im weiten Umkreis Versammlungen der Erweckten, die der Hunger nach dem Brot des Lebens und ein neu erwachtes Gemeinschaftsbedürfnis zusammenführte.

Wie es in Graben selber mit Versammlungen stand, berichtet Christoph Käß, der im Jahr 1827 Henhöfers Nachfolger wurde: »In Graben selber kam man, solange Henhöfer dort war, nicht regelmäßig zusammen; sondern wenn zuweilen ein auswärtiger erfahrener und mit der Rede begabter Kirchgänger sich noch verweilte, wurde es bei solchen, die begierig nach einer Privaterbauung waren, herumgesagt und dann außerordentlich eine Versammlung gehalten.« Dazu kam man dann im Haus eines Mannes zusammen, der früher zu den gefürchtetsten Männern gehört hatte.

Großherzog Ludwig (1763–1830) begegnet der Erweckung

In die Regierungszeit des Großherzogs Ludwig (1818–1830) fielen die für Aloys Henhöfer entscheidenden Jahre, in denen ihn Gott zum Erweckungsprediger in Mühlhausen, in Graben und in Spöck zubereitete.

Großherzog Ludwigs Vater Karl Friedrich (1728–1811) hatte Johann Heinrich Jung-Stilling, den »Patriarchen der Erweckung«,

45

Großherzog Ludwig von Baden
1763–1830

nach Heidelberg (1803) und im Jahr 1807 als seinen geistlichen Berater nach Karlsruhe gerufen. Als Erbprinz Karl, sein ältester Sohn, gestorben war, richtete Jung-Stilling einen Trostbrief an Karl Friedrich. In der Antwort spiegelt sich seine fromme Gesinnung: »Mein lieber Herr Hofrat! Was Sie mir über meinen schweren Verlust gesagt haben, ist mir sehr tröstlich gewesen und wird mir es immer sein. Unser Trost liegt in der Religion unsers Heilandes, besonders in der Leitung der göttlichen Vorsehung, die alles zu unsrer wahren Glückseligkeit führt, wofür wir ihr nie genug danken, ihr uns nie genug überlassen können. Der Herr hat mich gesegnet und hat mir auch Kreuz auferlegt; er wird es mir tragen helfen und dereinst in Freude verwandeln nach seiner großen Barmherzigkeit und Güte, die uns Christus erworben hat. Nur bei ihm kann ich Ruhe für meine Seele finden. Ach helfen Sie mir doch einen rechten, starken Glauben erbeten! Ich muss oft Gott bitten, dass er in mir Schwachem mächtig sein wolle. – Ich verbleibe mit wahrer Wertachtung Ihr Freund.

Karlsruhe, den 29. Januar 1802.
Karl Friedrich,
Markgraf zu Baden.«

Der Nachfolger Karl Friedrichs wurde sein Enkel Karl, der aber schon 1818 im Alter von 32 Jahren nach längerem Leiden starb. Am 18. Dezember 1818 übernahm Großherzog Ludwig die Regierung. In seiner Jugend war er durch die stramme Schule des preußischen Heeres gegangen und hatte sich Pünktlichkeit, rasches Arbeiten und regelmäßige Erledigung aller Geschäfte angewöhnt.

Zehn Tage nach seinem Regierungsantritt forderte Henhöfer seine Gemeinde in Mühlhausen auf: »Betet auch für den jetzigen Großherzog, dass ihm Gott seine Weisheit schenke und ihn samt seinem Volke den Weg zum Himmel und zur Seligkeit leite.«

Im Folgenden sei zusammengefasst dargestellt, wo Ludwig in seiner Regierungszeit lebendigem Christentum begegnete. Bevor die Erweckung in Mühlhausen begann, gab es in Basel und Umgebung geistliches Leben, gefördert durch die Deutsche Christentumsgesellschaft. Ihr Sekretär war seit 1801 Christian Friedrich Spittler (1782–1867), ein württembergischer Pfarrerssohn.

Im Jahr 1815 war von Basel aus die Gründung einer badischen Bibelgesellschaft angeregt worden. Bald nach seinem Regierungsantritt sprach Großherzog Ludwig die Zulassung aus:»Von Seiner königlichen Hoheit dem Großherzog gnädigst genehmigt. Carlsruhe, den 9. März 1819.«

Nachdem am 31. Oktober 1817 in Basel der »Verein der freiwilligen Armen-Schullehrer-Anstalt« gegründet worden war, fuhren im Oktober 1819 Christian Friedrich Spittler und Christian Heinrich Zeller (1779–1860) nach Karlsruhe, um Großherzog Ludwig um die mietweise Überlassung des ehemaligen Deutschordenshauses Beuggen zu bitten. Nachdem die beiden ihr Anliegen vorgebracht hatten, fragte der Großherzog voll Freundlichkeit:»Wollen Sie Beuggen?« Als sie dankbar sich verneigten, fügte er hinzu:»Ich kann es freilich nicht umsonst geben. Sie bezahlen jährlich einen Pachtzins von 60 Gulden.« Hocherfreut verließen sie das Karlsruher Schloss.»Im Vertrauen auf Gott, den Vater der Armen, und auf Höchstdero Fürstliches Wort wollen wir nun unsere Anstalt ... in dem angewiesenen Lokale errichten.«

Schon im Jahr 1820 war Großherzog Ludwig von den Vorgängen in Mühlhausen unterrichtet worden. Julius von Gemmingen nahm am 24. Juli 1820 anläßlich einer Audienz beim Großherzog seinen geistlichen Freund Henhöfer und die Mühlhausener Erweckung in Schutz. Als Mitglied der ersten Kammer des Landtags hatte der Freiherr die Möglichkeit persönlicher Intervention beim Großherzog. Am 22. März 1821 stand die Versetzung Henhöfers nach Büchenau bei Bruchsal schon im Regierungsblatt. Da machte sich Julius von Gemmingen mit drei Mühlhausenern auf und überreichte dem Großherzog eine Bittschrift, der daraufhin die Versetzung zurücknahm und am 4. Mai 1821 anordnete:»Pfarrer Henhöfer darf nach höchster Entschließung auf seiner bisherigen Pfarre zu Mühlhausen verbleiben.«

Nachdem Henhöfer am 9. April 1822 zur Verantwortung vor dem Generalvikariat nach Bruchsal gerufen worden war, wurde ihm verboten, Besuche zu machen und zu empfangen. Daraufhin kam Julius von Gemmingen am 5. Juni in Privataudienz zum Großherzog und acht Tage später mit einer Mühlhausener Abordnung. Der Großherzog nahm sie sehr freundlich auf und versprach, sich der Sache annehmen zu wollen. Herr von Gemmingen schrieb an Henhöfer:»Ich ließ ein Wort davon fallen, dass unsere geistliche Behörde Sie wohl noch so weit bringen könnte, dass Sie zur lutherischen Religion übergehen könnten. Das fiel ihm stark auf, und er erwiderte: ›Da seht Ihr's nun! Würde ich mich jetzt seiner über den gehörigen Gang annehmen, so würden diese Herren (in Bruchsal) sagen: Dieser Ketzer (der evangelische Großherzog) ist daran schuld!‹ Doch versprach er uns nochmals, sein Möglichstes zu tun.« Julius von Gemmingen sorgte dafür, dass der Großherzog Henhöfers Glaubensbekenntnis zu lesen bekam. Am 5. Dezember 1822 schrieb er von Karlsruhe aus an seine Frau: »Der Großherzog war sehr gnädig. Er nahm mich aus dem Haufen heraus beiseite und sagte: ›Hören Sie, ich habe nun die Schrift gelesen; sie gefällt mir ausnehmend wohl, aber sie ist eben ganz evangelisch.‹ Dies lächerte mich; darum gab ich ihm schnell zur Antwort: ›Gnädiger Herr, wollen wir und müssen wir denn nicht alle evangelisch sein, wenn wir da droben gut aufgenommen werden wollen?‹ Da lachte er herzlich, gab mir Recht und setzte das Gespräch etwas fort. Ich benützte den Augenblick, um des lieben Pfarrers Angelegenheit vorzutragen, ob er dann hoffen dürfte, nach öffentlichem Übertritt eine Pfarrstelle zu erhalten. Er antwortete: ›Das will ich wohl tun; ob es aber so auf den Rupf geschehen kann, das kann ich nicht versprechen.‹«

Zur ersten Begegnung des Großherzogs mit Henhöfer kam es am Pfingstmontag 1823. Henhöfer, inzwischen unter die evangelischen Pfarrkandidaten aufgenommen, sollte an diesem Tag in Rüppurr bei Karlsruhe vor seinem Landesherrn und der evangelischen Kirchensektion predigen. Henhöfer sprach über den Pfingstmontagstext: »Also hat Gott die Welt geliebt« sehr eindringlich und ernst. Zwar beklagte sich Staatsrat Winter über diesen »schroffen Pietisten«, doch der Großherzog sagte: »Nun habe ich wieder seit zwanzig Jahren eine evangelische Predigt gehört.« Auch Prälat Johann Peter Hebel (1760–1826) schreibt von dieser Predigt, dass ihm Henhöfers Vergleich der Liebe Gottes zu den Sündern mit der Liebe einer Mutter zu ihrem kranken Kinde besonderen Eindruck gemacht habe. Auf diese Predigt hin wurde Henhöfer zum 1. Juli 1823 nach Graben berufen.

Als Klagen gegen Henhöfer wegen des großen Zulaufs zu seinen Predigten auch ins Schloss nach Karlsruhe drangen, machte sich Großherzog Ludwig auf, um ihn wieder zu hören. Am 28. September 1823 kam der Fürst in Begleitung seines Adjutanten ganz unerwartet nach Graben. Henhöfer predigte gewaltig an jenem Sonntag. Er schrieb in sein Tagebuch: »Der Großherzog in der Kirche. Die Predigt hatte Geist.« Als der Fürst herauskam, sagte er zu dem Grabener Posthalter, den er bereits umgewandelt fand: »Das geht einem durchs Herz.« Freiherr von Gemmingen, der kurze Zeit später mit dem Großherzog sprach, schrieb darüber an Henhöfer: »Der Großherzog fing darauf selbst gleich an, mir zu erzählen, wie er in Graben gewesen sei und ihm die Predigt wohlgefallen habe. Ich fand aus seinen Urteilen und Äußerungen, dass er nebst einer Liebe zum Evangelium doch noch besondere Ansichten von einer Predigt und von vielen christlichen Anstalten habe. So sagte er z. B.: ›Gelehrt predigt er nicht (nämlich Sie), das kann man nicht sagen, aber seine Worte gehen ans Herz.‹ Es ist dieses eine schöne Definition von ihm, denn was soll eine gelehrte Predigt Ihrer Gemeinde nützen, die sie nicht verstünde? Gehen die Worte des ewigen Lebens aber ans Herz, so wird es ergriffen, erweicht, tüchtig gemacht, sich selbst zu erkennen und den guten Samen dann aufzunehmen, welcher in der erbarmenden Liebe Gottes in Christus Jesus ausgesät wird. Dann nur wird eine Ernte zu hoffen sein, welche man durch eine durch hohe Gelehrsamkeit unverständlich gemachte Predigt nimmermehr bezwecken wird.

Ferner sagte er mir von einem Gleichnis, welches Sie gebraucht hätten, wie durch die Missionare jetzt das Wort Gottes so reichlich verbreitet und von so vielen Völkern freudig angenommen würde. Unbegreiflich war mir es, dass ihm dieses fast anstößig war. Er redete von der Basler Missions-Unterrichtsanstalt so, dass ich sah, er habe wenig Kenntnisse von ihrer Einrichtung, von ihrem Zweck und von den herrlichen Wirkungen des ganzen Missionswesens im Allgemeinen. Dieses zu berichtigen dürfte übrigens nach meiner Ansicht doch nicht schwer fallen, wann günstige Gelegenheit eine längere Unterredung gestattete und der liebe Gott durch ein wohltätiges Kreuz das Herz empfänglicher für den himmlischen süßen Trost der evangelischen Freudenbotschaft gemacht hätte. Ich schreibe Ihnen dieses, lieber, teurer Freund, aus Antrieb eines besonderen Gefühls, welches mich freudig hoffen lässt, dass Ihnen gewiss noch Stunden geschenkt werden, wo Sie höchst wohltätig auf das Herz unseres Fürsten wirken können. Bedarf er einmal vielleicht in einem kranken Zustand den süßen Trost und die große Kraft des lieben Evangeliums, wer weiß, ob er sich nicht nach dem Mann sehnt, der ohne hindernde Gelehrsamkeit so verständlich schon an sein Herz geredet hat. Wer weiß, wie Gott noch seinen Sinn gnädig lenkt, dass auch er ein großes Zeugnis von der unwiderstehlichen Kraft des Wortes von dem gekreuzigten Christus ablegen muss, zum herrlichen Beispiel für viele andere.«

Auch später kam es, den Notizen Henhöfers in seinem Tagebuch zufolge, wiederholt zu Begegnungen mit Großherzog Ludwig. Es waren Gelegenheiten, bei denen Henhöfer nach dem Wunsch des Freiherrn von Gemmingen »höchst wohltätig auf das Herz unseres Fürsten wirken« konnte: Montag, 18. August 1823: »Der Großherzog, der nach Mannheim fuhr, ließ mich einige Augenblicke an die Chaise rufen.« Mittwoch, 4. Februar 1824: »Aufnahme beim Großherzog freundlich« (vorher hatte sich Henhöfer in Karlsruhe einen neuen Hut für 8 Gulden gekauft). Freitag, 16. September 1825: »Mit dem Großherzog an der Post gesprochen.« Mittwoch, 22. November 1826: »Mit Herrn Obervogt zum Großherzog.« Mittwoch, 28. März 1827: »In der Audienz, um für Spöck zu danken.«

Es war bekannt, wie geachtet Henhöfer bei Großherzog Ludwig war. Christian Friedrich Spittler hatte am 12. April 1824 in Karlsruhe angefragt, ob der Verein der freiwilligen Armen-Schullehrer-Anstalt das Deutschordenshaus Beuggen käuflich erwerben könne, hatte aber noch keine Antwort erhalten. Deshalb wandte er sich am 9. September 1824 an Henhöfer:

»Nun ist mir der Gedanke lebhaft vor die Seele getreten, ob Sie, lieber Bruder, vielleicht nicht imstand wären, in dieser Angelegenheit zu helfen, dadurch dass Sie Seine Königliche Hoheit den Großherzog, der Sie bekanntlich liebt und schätzt, mit ein paar Worten in meinem Namen bitten wollten, doch meine Eingabe vom 12. April in den Staatsrat zu bringen.«

Auch als Henhöfer Pfarrer in Spöck geworden war, gab es einige Begegnungen. Freitag, 20. Juni 1828: »Den Großherzog in Staffort gesprochen.« Mittwoch, 22. Oktober 1828: »In der Audienz. Sehr gnädiger Empfang.« Mittwoch, 17. Februar 1830: »In der Audienz Sätze über die Agende übergeben« – die letzte Begegnung mit Großherzog Ludwig, sechs Wochen vor dessen Tod.

Henhöfer war jeweils an einem Mittwoch in der Audienz. Damit hatte es folgende Bewandtnis: Im Januar 1819, wenige Wochen nach dem Regierungsantritt Ludwigs, stand im Großherzoglich-Badischen Staats- und Regierungsblatt folgende Mitteilung: »Seine Königliche Hoheit der Großherzog haben hinfort den Mittwoch in jeder Woche zur öffentlichen Audienz zu bestimmen geruhet, wo einem jeden, der etwas untertänigst vorzutragen hat, der Zutritt zu Höchstdemselben im Geheimen Kabinetts-Lokal des Großherzoglichen Schlosses morgens um 10 Uhr offen ist.«

Henhöfer vermerkt in seinem Tagebuch, dass Großherzog Ludwig am 30. März 1830 früh zwei Uhr starb und dass er am 3. April abends um acht Uhr begraben wurde. Der Spöcker Pfarrer hat nicht nur im Sonntagsgottesdienst pflichtgemäß für seinen Landesherrn gebetet. Dessen Seelenheil lag ihm ebenso sehr am Herzen wie dem Freiherrn von Gemmingen.

Großherzog Ludwig war für Henhöfer ein Wohltäter. Henhöfer hat fest damit gerechnet, Wohltätern in der anderen Welt wieder zu begegnen. Dabei dachte er an das Wort in Lukas 16, 9 vom »Aufnehmen in die ewigen Hütten«. In einem Brief an Frau von Gemmingen vom 24. Juli 1826 legte er das Gleichnis vom ungerechten Haushalter aus. Er sprach darin von reichen Leuten, die nicht eben gottlos, aber auch nicht bekehrt sind. Dann schrieb er: »Ich glaube, dass, wenn solche Leute sterben und in die Ewigkeit kommen, die Armen, die sie unterstützt haben, als ihre Fürbitter hervortreten und rühmen, was diese Leute an ihnen im Leben getan haben. Selig können sie nun freilich nicht werden, denn es steht ihnen entgegen: ›Wer nicht wiedergeboren ist, kann nicht ins Reich Gottes kommen.‹ Verdammt können sie auch nicht wohl werden, denn es heißt: ›Was ihr den geringsten unter meinen Brüdern getan habt, das habt ihr mir getan.‹ Kein Trunk Wasser soll unbelohnt bleiben (Matthäus 25 und 10). Was soll nun aus ihnen werden? Ich denke, solche reichen Leute werden denjenigen Armen, denen sie im Leben Gutes taten, zum Unterricht und zur Bekehrung übergeben und so von ihnen in ihre Hütten aufgenommen. Wie sie dann zum Glauben kommen, so werden sie selig. So bleibt die Ordnung Gottes zur Seligkeit: Buße und Glauben und nicht Werke, wiewohl sie durch Werke dies für sich zu Wege gebracht und ihre Seele gerettet haben.«

Im Blick auf Großherzog Ludwigs Nachfolger, Großherzog Leopold, einen Sohn Karl Friedrichs aus dessen zweiter Ehe, bemerkt Henhöfer wehmütig in einem Brief vom 11. Januar 1831 an Pfarrer Ludwig Hager in Mühlhausen: »Er ist kein Ludwig.« Julius von Gemmingen übersandte Großherzog Leopold die Verordnung Karl

Friedrichs vom Jahr 1799 und schrieb an Henhöfer:»Unser lieber Großherzog soll doch auch lesen, was Sein allverehrter Vater über den Schaden der falschen Lehre für eine Ansicht hatte, was er verordnete und wie es jetzt steht. Ich erwarte getrost, was der Herr aus dem unwürdigen Schreiben seines geringsten Knechtes machen will.«

Freunde Henhöfers in Karlsruhe

Die freundliche Einstellung des Großherzogs zu Henhöfer wurde auch dadurch gestärkt, dass einflussreiche Männer aus seiner Umgebung wie z. B. Staatsrat von Struve, der Geschäftsträger des russischen Reiches, General von Stockhorn, Schulrat Ruf und Fiskalatsdirektor Fein Henhöfers Predigten besuchten.

Staatsrat Gustav von Struve (1763–1828) und seine Familie

Am 4. März 1826 schrieb Henhöfer in sein Tagebuch:»Heute hätte mich Heinrich von Struve beinahe erschossen im Gartenhäuschen.«

Wie mag es dazu gekommen sein? Hans Maurer, der Verfasser der Henhöfer-Geschichte»Mir ist Barmherzigkeit widerfahren«, hat es sich so vorgestellt: An einem Sonntagnachmittag kommt»ein vornehm gekleideter junger Herr aus Karlsruhe« nach Graben. Er wartet im Gartenhäuschen, bis Henhöfer von der Erbauungsversammlung zurück ist. Mitten im Gespräch richtet er seine Pistole auf den Pfarrer:»Sie sagten vorhin, dass Sie nicht wüssten, wann Ihre letzte Stunde gekommen sei. Sie meinten, das wisse Gott allein. Ich weiß es. Sie haben drei Minuten Zeit. Dann drücke ich ab.« Weil Henhöfer ruhig und getrost bleibt, wirft er schließlich seine Pistole weg und sagt mit zitternder Stimme:»Es gibt doch einen Gott, sonst hätte ich Sie erschossen. Nun weiß ich erst, dass ein rechter Christ keine Angst hat.«

In Wirklichkeit war Heinrich von Struve nicht ein fremder»junger Herr«, sondern der Sohn einer mit Henhöfer eng verbundenen Familie. Als er seit vier Wochen Pfarrer in Graben war, schrieb er am Sonntag, 24. August 1823, in sein Tagebuch:»Herr von Struve mit Elise, Herr General von Stockhorn in der Kirche.« Weil beide Familien oft von Henhöfer erwähnt werden, ist es der Mühe wert, Näheres über sie zu erkunden.

Ein Hinweis im Tagebuch vom Sonntag, 26. Oktober 1823, führt weiter: »Herr Pfarrer Ami Bost über Tisch, Herr Direktor Fein und Schulrat Ruf.« Fein und Ruf waren die Leiter der damals schon bestehenden Gemeinschaft in Karlsruhe. Wer war Ami Bost? Die Nachforschung nach ihm erbrachte einigen Aufschluß über die beiden Familien Struve und Stockhorn. Im »Reich-Gottes-Boten« wurde in den beiden Jahren 1933 und 1934 das Lebensbild von Ami Bost (1790–1874) veröffentlicht. In der Nummer vom 19. November 1933 wird von ihm berichtet:

Als Ami Bost von 1818 bis 1825 als Evangelist im Auftrag der Londoner Missionsgesellschaft unterwegs war, erlitt er viel Verfolgung. Das hing mit seiner schroffen, herausfordernden Art zusammen. Als er in Friedrichsdorf bei Bad Homburg nicht länger bleiben konnte, wandte er sich nach Karlsruhe. Man hatte ihm dort Freunde empfohlen. Unter ihnen war der General von Stockhorn und der russische Staatsmann von Struve. Der erstere stellte gleich ein ganzes Stockwerk seines Hauses zur Verfügung, bis sich nach drei Wochen eine Wohnung fand. In Karlsruhe hielt sich Bost sehr zurück. Er machte hauptsächlich Besuche bei frommen Familien – auch in Graben bei Henhöfer. Nachdem er von einer Reise nach Genf wieder nach Karlsruhe kam, fand er zu seiner Überraschung den Befehl vor, Karlsruhe innerhalb acht Tagen zu verlassen. Es waren wohl Verdächtigungen auswärtiger Polizeibehörden eingegangen. So kehrte er in seine Geburtsstadt Genf zurück.

Staatsrat Gustav von Struve war seit 1817 Geschäftsträger des mächtigen russischen Reiches beim Großherzogtum Baden. Seit 1801 regierte Zar Alexander I (1777–1825). Er war mit der badischen Prinzessin Luise Marie verheiratet, einer Enkelin Karl Friedrichs. Am 10. Juli 1814 hatte er eine Begegnung mit Johann Heinrich Jung-Stilling im Bruchsaler Schloss, an deren Ende beide einen Bund schlossen, dem Herrn treu zu sein bis in den Tod.

Im zweiten Band von Ernst Staehelins Werk über die Christentumsgesellschaft finden sich im »Adressbuch aller bekannten und bekannt werdenden Freunde des Reichs Jesu überhaupt und der Deutschen Christentumsgesellschaft insbesondere nach alphabetischer Ordnung der Wohnorte, errichtet im Jahr 1818« unter »Carlsruh« die Namen von Kreisrat Fein, Rat Ruf und Freiherr von Struve.

Die Familie von Struve kam seit 1823 immer wieder nach Graben. Im Spätherbst 1825 schickten sie ihren jüngsten Sohn Heinrich zu Henhöfer in den Konfirmandenunterricht. Deshalb musste er einige Monate im Pfarrhaus in Graben wohnen, wie folgende Einträge im Tagebuch Henhöfers zeigen: 3. November 1825:»Heinrich von Struves Gerätschaften kamen diesen Abend an.« 4. November:»Heinrich von Struve selbst mit der Mutter, Elise und Sophie zum Konfirmandenunterricht.« 7. November:»Anfang des Konfirmandenunterrichts.« 23. November:»Heinrich und ich gingen früh nach Karlsruhe zu Herrn Direktor Fein.« 24. Dezember:»Heinrich von Struve nach Hause.« 27. Dezember:»Nach Karlsruhe, um Heinrich von Struve abzuholen.« 8. Februar 1826:»Judenhochzeit im Löwen. Heinrich und ich dabei.« 19. Februar:»Heinrich von Struve und ich fahren nach Karlsruhe.« Dann folgt der Eintrag vom Samstag, 4. März, daß Heinrich von Struve ihn beinahe erschossen hätte. Weil es daraufhin kein Zerwürfnis gab, ist anzunehmen, dass es nicht Absicht war, sondern dass sich wohl versehentlich ein Schuss gelöst hatte. Am folgenden Tag schreibt Henhöfer in sein Tagebuch: Sonntag, 5. März:»Konfirmandenprüfung, Frau von Struve mit Elise, Herr General von Stockhorn, Herr Obervogt von Fischer.« 9. März:»Mit Heinrich von Struve nach Germersheim.« Sonntag, 12. März:»Kinderkommunion« (Konfirmandenabendmahl).»Herr Staatsrat von Struve mit Frau Gemahlin, Elise und Philippine. Heinrich ging mit nach Hause« (und kam wieder). 30. März:»Heinrich von Struve ging wieder nach Hause, ich begleitete ihn. Abrechnung mit Struve: 26 Gulden, Präsent 22 Gulden.« 1. April:»Heinrichs Hausrat nach Karlsruhe gebracht.«

Auch später erwähnt Henhöfer immer wieder die Familie von Struve: Sonntag, 9. April 1826:»Herr General von Stockhorn, Fräulein Sophie und Philippine von Struve.« 13. Mai 1826:»Heute Abend kam Heinrich von Struve.« Sonntag, 21. Mai 1826:»Herr General von Stockhorn, Frau von Struve, Heinrich und Sophie.« Unter dem 6. Mai 1828 ist der Tod von Staatsrat von Struve in Henhöfers Tagebuch vermerkt.

Am 14. April 1835 teilte Julius von Gemmingen Henhöfer mit, dass sein Sohn Joseph sich mit Friederike von Struve verlobt habe. Dann bemerkt er:»Die herzlich gut gemeinten Reden der lieben Mutter konnten kein Damm sein für das, was der Unglaube der Brüder ihr predigte.« Einer dieser Brüder war Gustav (von) Struve

(1805–1870), ein Anführer in der badischen Revolution 1848/49. In dessen Lebenserinnerungen steht, dass er nach seiner Rückkehr aus Amerika im Jahr 1865 einige Zeit bei seinem jüngsten Bruder Heinrich in Rheinfelden wohnte, der dort eine Pension mit Solbad hatte.

Der älteste Sohn von Joseph und Friederike von Gemmingen, Freiherr Julius von Gemmingen (1838–1912), gründete den Christlichen Kolportageverein im Großherzogtum Baden, durch den bis zum Jahr 1907 mehr als 36 Millionen Schriften verbreitet wurden (Reich-Gottes-Bote vom 17. März 1912).

General Joseph Ernst von Stockhorn (1754–1834)

General von Stockhorn entstammte einem alten Adelsgeschlecht aus Niederösterreich und wurde im Jahr 1754 in Stuttgart geboren. Sein voller Name hieß Joseph Ernst Freiherr Stockhorner von Starein.

Seit 1779 stand er im Dienst des Markgrafen und späteren Großherzogs Karl Friedrich in Karlsruhe und war am Ende seiner Laufbahn General im badischen Kriegsministerium. General von Stockhorn war Besitzer des Hauses Erbprinzenstraße 10 in Karlsruhe. Deshalb konnte er Ami Bost ein ganzes Stockwerk zur Verfügung stellen.

Im Jahr 1832 wurde Freiherr von Stockhorn als Generalleutnant in den Ruhestand versetzt. Er starb am 28. August 1834 in Karlsruhe im Alter von 80 Jahren. Als »ein Mann von seltener Pflichttreue, großer Herzensgüte und ungeheuchelter, wahrer Frömmigkeit« wird er von Otto Freiherr Stockhorner von Starein geschildert in dessen Buch: »Die Stockhorner von Starein«, Wien 1896. In den »Badischen Biographien«, 2. Teil, 1875, Seite 322, heißt es von ihm: »wohl bewandert in der Bibel, streng religiös bis zu Andachten bei der Hausorgel, friedfertig nach jeder Richtung«.

Einer der letzten Einträge in Henhöfers Tagebuch, das am 31. Dezember 1830 endet, lautet: »9. Dezember 1830: Herr Obervogt (von Fischer) und Herr von Stockhorn über Tisch« (in Spöck). Vierundzwanzigmal steht der Name des Generals in Henhöfers Tagebuch vom 24. August 1823 bis zum 9. Dezember 1830.

Unter den 176 Briefen an Julius von Gemmingen, die im Landeskirchlichen Archiv in Karlsruhe aufbewahrt sind, befindet sich auch ein Brief von General von Stockhorn vom 4. Juni 1825 mit der Anrede:»Im Herrn geliebtester Freund!«Julius von Gemmingen hatte eine»Kurze Beleuchtung der sogenannten aktenmäßigen Darstellung, wie Aloys Henhöfer aus einem Unfreien ein Freier ward« verfaßt. General von Stockhorn schreibt dazu:»Wer noch zweifelt an der Existenz eines unsauberen Geistes, der lese das Büchlein von der sogenannten aktenmäßigen Darstellung und vergleiche es mit Ihrer Beleuchtung. Wer dann noch nicht davon überzeugt werden kann, der ist mit sehenden Augen blind und noch entfremdet von dem Leben, das aus Gott ist.«

Der damals 71-jährige General schließt seinen Brief:»Gott stärke uns je mehr und mehr, und sein guter Geist regiere uns und gebe uns Kraft, alle Leiden dieser Zeit mit Geduld und Standhaftigkeit zu ertragen, damit, wenn uns der Herr von dieser Welt abruft, wir mit dem Apostel Paulus aus Herzensgrund sagen können: ›Ich habe einen guten Kampf gekämpft, ich habe den Lauf vollendet, ich habe Glauben gehalten; hinfort ist mir beigelegt die Krone der Gerechtigkeit mit allen, welche die Erscheinung Jesu Christi liebhaben!‹ Und dann sei unser letzter Seufzer in diesem Erdenleben:

›Auf meinen Jesum will ich sterben
getrost mit aller Freudigkeit.
In seinem Blute will ich färben
mich mit dem rechten Hochzeitskleid.
Mein Jesus ist mein Trost allein,
auf Jesum schlaf ich selig ein.‹

Mit den herzlichsten Respektsversicherungen an Ihre Frau Gemahlin und den freundlichsten Begrüßungen Ihrer ganzen Familie verbleibe ich in christbrüderlicher Liebe
Ihr im Herrn verbundener Freund und Diener
Joseph von Stockhorn.«

Schulrat Georg Friedrich Ruf (1754–1825) und Fiskalatsdirektor Karl Fein (1786–1832)

Am 14. Januar 1801 schrieb Ruf an Carl Friedrich Adolf Steinkopf in Basel anlässlich des Todes von Lavater. Schon damals also hatte Georg Friedrich Ruf Verbindung mit der Deutschen Christentumsgesellschaft in Basel, die am 31. März 1806 berichtet:»In Karlsruhe ist Herr

Präzeptor Ruf unser Gesellschafts-Spediteur, der zu allerlei Aufträgen bereitwillig ist.« In den Bemerkungen über einzelne Freunde der Christentums-Gesellschaft in Karlsruhe heißt es im Januar 1813 über Schulrat Ruf:»Ein sehr solider Mann, der durch seine zweite Verheiratung sich an die Brüdergemeine angeschlossen hat.« Dabei wird auch der Vater von Karl Fein erwähnt:»Hofrat Fein, ein alter, argloser Mann, der sich vorzüglich mit der Apokalypse beschäftigt und darüber geschrieben hat.« Hofgerichtsrat Georg Friedrich Fein (1741–1817) hatte 1784 in Karlsruhe eine Schrift herausgegeben:»Einleitung zu näherer und deutlicher Aufklärung der Offenbarung Jesu Christi oder St. Johannis, nach Chronologie und Geschichte, als Beitrag zum Beweis, dass Bengels apokalyptisches System das wahre sei«.

Sein Sohn Karl wurde 1813 Kreisrat in Durlach. Im Großherzoglich-Badischen Staats- und Regierungsblatt stand am 17. November 1821:»Seine Königliche Hoheit haben sich gnädigst bewogen gefunden, unter dem 2. November dieses Jahres den bisherigen Ministerialrat Fein zum Direktor der Fiskalats-Kommission zu ernennen.«

In Henhöfers Tagebuch kommen beide vor, Fein etwa fünfzehnmal, Ruf, der schon am 8. Juni 1825 gestorben ist, seltener.

Christian Gottlob Barth (1799–1862) machte vom 4. bis 8. November 1824 einen Besuch in Karlsruhe. Darüber ist im ersten Band seines Lebensbildes, geschrieben von seinem Freund Karl Friedrich Werner (1804–1872), ein Bericht zu finden, aus dem hervorgeht, welchen Eindruck Karl Fein auf ihn machte.

(4. November)»Um 8 Uhr abends kam ich in Karlsruhe an und wurde von dem lieben Schulrat Ruf und seiner Frau aufs Freundlichste aufgenommen.

Nach dem Mittagessen (5. November) ging ich zu dem lieben Direktor Fein und blieb bei ihm, bis es Nacht wurde. Ein ausgezeichneter Mann an Kenntnissen durch alle Fächer des Wissens wie an einfältiger Liebe des Herzens zu Jesus und den Seinen. Das Gespräch kam von einem christlichen Geschichts- und Lehrpunkte zum andern, auf die Brüdergemeine, Zustand nach dem Tod, Samuels Gespenst, Geistertheorien, Ewigkeit der Höllenstrafen, Apokalypse, Seherinnen, demagogische Umtriebe, Jubeljahr und dergleichen. Fein ging mit mir nach Hause und blieb noch bis 8 Uhr bei uns.

Am 6. besuchte ich Prälat Hebel, der neben meinem Zimmer wohnte. Er brachte nichts Besonderes hervor. Der liebe Mann kann nicht glauben. Abends war Fein bei uns, und es wurde von mancherlei gesprochen, wo Feins umfassende Kenntnisse und sein ungemeines Gedächtnis meine ganze Bewunderung erregten. Namentlich von der katholischen Kirche teilte er Merkwürdiges mit.« Am Sonntag (7. November) hielt Barth die Versammlung bei Ruf über das Evangelium vom Königischen, welches er homiletisch durchging, unter besonderem Beistand des Geistes Gottes. Abends hatte er noch ein interessantes Gespräch mit Fein über die Zeichen der Zeit und anderes und verabschiedete sich dann von dem teuren Mann.

Am Montag, 8. November 1824 schrieb Barth in Straßburg: »Diesen Morgen nahm ich Abschied von dem lieben Rat Ruf.«

In tiefer innerer Not

Obwohl der Großherzog den Grabener Pfarrer schützte und die einflußreichen Freunde in Karlsruhe fest zu ihm standen und obwohl seine Kirche Sonntag für Sonntag übervoll war, hatte Henhöfer doch in seiner Anfangszeit in Graben schwere Kämpfe zu bestehen. Eines Sonntags überfiel ihn große Angst. Er kam nicht zur Kirche. Das Lied war schon zu Ende gesungen. Da fand ihn die Magd ringend in seinem Studierzimmer. Er bat, die Gemeinde möge das Lied wiederholen. Endlich kam er und predigte.

In sein Tagebuch schrieb er: »Vom 14. bis 17. September (1823) hatte ich einen schweren, schweren Kampf zu bestehen. Endlich Trost aus Psalm 62, 2 und 3. Der Herr bewahre mich vor jeder Sünde, weswegen diese Finsternis über mich kam und beinahe dreiviertel Jahre dauerte.« – In Psalm 62 heißt es: »Meine Seele ist stille zu Gott, der mir hilft. Denn er ist mein Hort, meine Hilfe, mein Schutz, dass mich kein Fall stürzen wird, wie groß er ist.«

Emil Frommel hat sich in die damalige Lage Henhöfers hineinversetzt, wenn er schreibt: »Man denke sich nur den Mann mit der frischen Wunde im Herzen, ausgeschlossen aus seiner alten Kirche, weggerissen aus seiner Gemeinde Mühlhausen, seinen Kindern, die er in Christus durchs Evangelium gezeugt hatte, in der neuen Kirche mit Argwohn und Verfolgung empfangen, in der eigenen Gemeinde Widerstand, während sie von auswärts stundenweit kamen, in seiner Nähe kein Freund noch Rat und Beistand, nur Feinde unter den Geistlichen. Da wird man sich nicht über die Traurigkeit und das Bangen des Mannes wundern, sondern viel mehr über die Gnade des Herrn, die ihn festhielt.

Es ging mit ihm in die Tiefe und in die Hölle hinunter. Die Zeit der ersten Freudigkeit war vorüber. Manches von dem, was christliche Freunde in bester Absicht gesagt hatten, um ihn vom Eintritt in die evangelische Kirche abzuhalten, war eingetroffen; dazu stürmte es von innen, und eine persönliche schmerzliche Erfahrung trat noch dazu. Seine Versäumnisse und Sünden standen wie drohende Berge vor ihm, über die er nicht hinüber konnte, und der Blick in die freie Gnade war verschlossen. Und eben in diese Stunden der Verlassenheit hinein machte sich seine alte, von ihm verlassene Kirche in einem Mann voll Gemüt und Liebenswürdigkeit an ihn heran, um ihn womöglich zur Umkehr zu bewegen. Unter dem Titel ›Zwei freundschaftliche Schreiben an Seine Hochwürden, den Herrn Aloys Henhöfer, vormaligen katholischen Pfarrer‹, schrieb Dr. Johann Sulzer, Professor der Moralphilosophie am großherzoglichen Lyzeum zu Konstanz, im Oktober 1823 ein Schriftchen, das voll Anerkennung und Liebe für den abgefallenen Sohn ist. Von strikten, schlagenden Beweisen enthält es nicht viel, verlockender war die freundliche Art, in welcher das Büchlein geschrieben ist, das auf wahrhafte und innige Liebe zu dem Abgefallenen schließen lässt. So hatte kein Geistlicher mit dem exkommunizierten, ausgeschlossenen und abgesetzten und jetzt verfolgten evangelischen Pfarrer gesprochen.«

Wie muss diese Schrift Henhöfer in seiner damaligen Verfassung getroffen haben! Nicht nur in den vergangenen Septembertagen hatte er einen schweren Kampf. Auch am 31. Dezember 1823 schrieb er in sein Tagebuch:»Trauertag«, am 11. Februar 1824 in Geheimschrift:»Trübe«, und zwei Tage später, an einem Samstag, gleich zweimal:»Trübe, trübe!«

Von Henhöfer haben wir nur diese kurzen Äußerungen. Doch können wir der Antwort, die Julius von Gemmingen am 25. Februar 1824 Henhöfer auf einen Brief von ihm aus jenen trüben Tagen gegeben hat, entnehmen, wie es damals um ihn stand. Einige Stellen daraus seien angeführt:

»Es hat mich tief bekümmert, zu vernehmen, wie drückend ein finsterer Flor vor Ihres Geistes Auge hängt und wie sehr Ihr Inneres einer kräftigen Aufhilfe bedarf. O möchte es mir Schwachem gelingen, in der Kraft meines Herrn in jenen Flor eine Lücke zu reißen, dass Gottes Gnadensonne mild und freundlich das Herz erleuchten könne, dem ich so gerne Trost und Frieden brächte. Unter allem, was dem armen Menschen in diesem Pilgerleben am nächsten vom Satan geschehen kann, ist, dass er ihn zweifelhaft an Gottes Barmherzigkeit macht, dass er ihm seine Sünden so groß vormalt, die nicht vergeben werden könnten; diese abscheuliche Lästerung und wahrhaft höllische List, wodurch das teure Blut Christi (welches unsere Sünden rein wäscht wie Schnee, und wenn sie blutrot wären) so trugvoll um seine himmlische Verdienste gebracht werden will, ist wie gesagt das Allerärgste, was eine Seele Peinigendes erfahren kann. Mir scheint aus einigen Ausdrücken hervorzugehen, als hätte Satan Lust, Sie, teurer Freund, auf diese Art zu versuchen. Ich kann mich nicht erholen vor Erstaunen über die Gewalt eines solchen Betruges, die dem Argen bei einem Manne gelingen soll, der das Wort der Versöhnung so kräftig verkünden, der die Verdienste unseres Heilandes so richtig aufgefasst andern predigen konnte, der den hohen Wert des Blutes Christi erkannte wie wenige und die Gnade in ihrer ganzen Segensfülle empfunden hatte, wie sie die große Liebe Gottes, unbegreiflich zwar, doch wahrhaftig über alle ausgegossen hat, die sie im Glauben annehmen wollen. Ich bitte Sie um des teuren Blutes unseres lieben Herrn und Heilandes willen, das ja für Sie und mich armen Sünder geflossen ist, auch zur Vergebung unserer Sünden (höher kann ich nicht bitten), erheben Sie sich doch in Christus wieder stark aus dem Zustand, der nur Verblendung des Satans ist und der verderblich auf Sie und andere wirken muss. Ich will keine Troststellen der Schrift weiter anführen, sie sind Ihnen ja alle genug bekannt, aber nur eine im rechten Glauben fest zu packen und an dieser sich aufzurichten in der Kraft des Herrn, das ist meine herzliche Bitte. Die Stelle ist: ›Ist die Sünde mächtig geworden, so ist die Gnade doch noch mächtiger.‹

Sie müssen noch ein gar wirksames Werkzeug in der Hand Gottes werden, Sie dürfen nicht so klein zurückkriechen. Gottes Stimme muss noch durch Sie an gar viele gebracht werden, dass ihre Seelen errettet werden; eine neue, ungewöhnliche Kraft muss zur Ehre des Herrn dennoch aus diesem heißen Kampf groß hervorgehen, davon bin ich gewiss überzeugt, und die Tage der Buße und der Trauer werden reich vergolten werden durch die Tage des

Frohlockens über den Segen, den das neu bewiesene Gotteswort aus Ihrem Munde noch stiften wird. Wer so einen Kampf durchgekämpft hat und in neuer Gnade wieder erstanden ist, o der redet Feuerworte, die Mark und Bein durchdringen, und ihre Wirkung ist erstaunlich. O nur nicht zweifelhaft an Gottes Gnade, an Seiner Barmherzigkeit, das wäre das Schlimmste. Er führt in die Hölle, aber er führt auch wieder heraus.

Eine weitere Sorge bekümmerte mich noch um der Wahrheit der evangelischen Lehre willen. Ich wusste, dass Ihnen von Konstanz sehr zudringliche und auf liebevollere Art eingeleitete Schreiben zugegangen sind, um Sie zum Rücktritt ins Papsttum zu bewegen. Obwohl ich darüber, wie ich glaube, ruhig sein darf, so ist mir nur darum bange, dass nicht etwa bei einer Antwort von Ihnen in Ihrem jetzigen Zustande Ausdrücke einfließen möchten, die ein leidendes Gemüt gerne erzeugt, aber von unsern Gegnern nicht verstanden, wohl aber leicht als Beweise gegen Sie missbraucht werden könnten. Man könnte eine tiefe Reue Ihres Übertritts vermuten, indem man die reine Freude vermisst, welche eigentlich den Sieg des Evangeliums im Stillen immer feiert, ohne damit zu prunken. Ich bitte Sie um alles, geben Sie doch ja unsern Gegnern keine Waffen in die Hände.

Nun Gott befohlen, lieber Freund. Der Herr lasse mich bald etwas Gutes erfahren! Julius.«

Die Briefe von Schloss Steinegg waren für Henhöfer in jener schweren Zeit eine Erquickung. Am 17. Februar 1824 bemerkte er in seinem Tagebuch: »Erneuter Strahl der Hoffnung. Liebevoller Brief von Frau von Gemmingen.«

In einem Brief des Freiherrn vom 3. März 1824 heißt es: »Ist denn nicht einer Mutter das kranke Kind das liebste? Sie sind jetzt das kranke Kind, und Christus hat mehr Liebe für Sie als alle Mütter zusammen haben können. Darum nur aufgestanden in aller Schwäche! Kann der Kranke nicht gehen, so krieche er zu Jesus, dem Trost der Kranken, dem noch keiner in der Kur gestorben ist; der niemand zurückstößt, der zu Ihm kommt; der den glimmenden Docht nicht auslöscht; der gerade dieser recht elend sich fühlenden Kranken wegen den Himmel verlassen hat, um ihnen seine Seligkeit zu geben.

Schenken Sie uns nur ferner Ihre ganze Aufrichtigkeit, teilen Sie uns immer getreu Ihre wahrhaften Gefühle mit, wenn es auch noch so dunkel im Herzen aussieht. Getrost, getrost nur, lieber Freund, auch dieser lange, schmerzvolle Karfreitag wird enden und eine fröhliche Auferstehung darauf folgen. O wie freue ich mich auf das Halleluja! So wir mit ihm leiden, werden wir auch herrlich mit ihm auferstehen. Der Gott des Friedens segne Sie.

Ihr treuer Freund Julius.«

So tröstete dazumal der Schüler den Lehrer. Aber auch dieser köstliche Trost aus Freundesherz und -mund sollte durch des Teufels List und der Menschen Schwachheit ihm für eine Zeit genommen werden. An die Stelle Henhöfers war Vikar Kaspar Schlatter (1796–1862) getreten, der Sohn der in christlichen Kreisen wohl bekannten Frau Anna Schlatter aus St. Gallen, ein durchaus ernster, gediegener und gewissenhafter Mann, aber schüchtern und ängstlich.

Seine Schwägerin Mathilde von Gemmingen, die Frau von Professor August Tholuck in Halle, schreibt über ihn:»Er passte in seiner ganzen Eigentümlichkeit nicht für eine Bauerngemeinde und hatte das völlige Gegenteil von Henhöfers populärer und praktischer Predigtweise. So trat bald eine Verstimmung der Gemeinde zu Tage, die durch Zwischenträgereien der Leute mit Henhöfer gesteigert wurde. Schlatter war ein treuer, lebendiger Christ, dem die Gemeinde sehr am Herzen lag, von der er aber nicht gehörig gewürdigt wurde, da sie in ihm nicht die Weise Henhöfers fand und an seinen reformierten Ansichten Anstoß nahm. Das Missverhältnis bereitete Vater (Julius von Gemmingen) viel Kummer, da sich von allen Seiten Menschlichkeiten fanden, die seiner aufrichtigen Natur tiefes Weh bereiteten.«

Inzwischen war fast ein Dreivierteljahr vergangen, seit Henhöfer von Schloss Steinegg nach Graben gezogen war. Am Karsamstag, 3. April 1824, kam Frau von Gemmingen mit ihrer Tochter Mathilde zu Besuch ins Pfarrhaus Graben. Am Ostersonntag, 4. April, erklärte Julius von Gemmingen der kleinen evangelischen Gemeinde in Mühlhausen, dass jetzt ein Fonds von 15.000 Gulden vorhanden sei und deshalb eine evangelische Pfarrei Mühlhausen gegründet werden könne. Er fragte, ob Vikar Schlatter ihr künftiger Pfarrer werden solle, ohne Henhöfer zu nennen, den die Gemeinde brennend gern wieder gehabt hätte. Das wurde so ausgelegt, als wünsche er Henhöfer nicht, sondern seinen künftigen Schwiegersohn Kaspar Schlatter, der mit seiner Tochter Luise von Gemmingen verlobt war. Er sei doch der Patronatsherr und habe zu bestimmen. Man wusste nicht, dass die katholische Kirchensektion, die mit der evangelischen in *einem* Gebäude in Karlsruhe im Zirkel untergebracht war, schon im Vorjahr ernstlich darum gebeten hatte, Henhöfer ja nicht zum evangelischen Pfarrer in Mühlhausen zu machen.

Statt mit Julius von Gemmingen die Angelegenheit offen zu besprechen, schrieb man einen Brief mit Vorwürfen gegen den Freiherrn und schickte zwei Abgesandte zu Henhöfer. Dort trafen sie Frau von Gemmingen an und konnten erst nach deren Abreise ihr Anliegen vorbringen. Henhöfer sei so betreten gewesen, dass er in Tränen zerflossen und mit den beiden noch in der Nacht Frau von Gemmingen nach Karlsruhe nachgeeilt sei.

In Henhöfers Tagebuch steht: Dienstag, 6. April 1824:»Heute 7 Uhr (abends) ging Frau von Gemmingen mit Mathilde ab. Abends Mauterer und Kittel mit einem Brief von Brougier, der Mühlhausens Lage schilderte.« Mittwoch, 7. April:»Heute früh 4 Uhr fuhr ich mit Mauterer und Kittel der Frau von Gemmingen nach nach Karlsruhe.«

Emil Frommel bemerkt dazu:»Böse Zungen und eigenmächtige Geister gab's auch in Mühlhausen, und statt dem Gutsherrn offen zu sagen, dass die Gemeinde ihren früheren Hirten wünsche, gingen ihrer etliche zu Henhöfer nach Graben und hinterbrachten ihm mit allerlei unwahrer Zutat die Sache, die, falsch dargestellt, Henhöfer, der sich zu seiner früheren Gemeinde und zu den alten Beziehungen zurücksehnte und wie ein Vater an seinen geistlichen Kindern hing, tief betrüben musste. Es scheint, dass die Sache bei Henhöfer tief gegangen ist und dass er dem Gerede der Leute mehr als recht das Ohr geliehen hat.«

Im Landeskirchlichen Archiv in Karlsruhe liegt ein bisher nicht veröffentlichter Brief des Freiherrn vom 23. April 1824, der beginnt: »Lieber Freund im Herrn!

Ich habe Ihre zwei Briefe richtig erhalten und ersehe daraus, dass die Missverständnisse in Mühlhausen, wie es in allen Dingen zu gehen pflegt, durch Klatschereien und viel unberufene Mäuler sehr entstellt, unrichtig und vergrößert ins Publikum gekommen sind, wodurch uns allen ein großer Kummer bereitet worden ist.«

Dann schreibt Julius von Gemmingen, dass er die Mühlhausener am 4. April nur nach ihrem Wunsch gefragt habe. »Ich bat sie am Ostersonntag um alles, mir ja nichts zu verhehlen und mir jeden Wunsch nur recht aufrichtig vorzutragen, damit wir ihn gemeinschaftlich beraten können. Dort aber, wie auch gestern, war *eine* Stimme nur: ›Wenn wir Herrn Henhöfer nicht erhalten können, was wir Gott überlassen wollen, so wollen wir durchaus keinen andern als Herrn Schlatter.‹«

Der Freiherr weist anschließend darauf hin, dass Henhöfer nach dem ihm Berichteten der irrigen Meinung sei, »dass ich die Besetzung bestimmen kann. Es liegt dieses ja gar nicht in meiner Macht; für dieses Mal tritt mein Patronatsrecht noch nicht in Ausübung, sondern der Großherzog bestätigt die ad interim (vorläufig) als Vikar dem Schlatter übertragene Stelle aufs Neue, wann die Pfarrei dem Fonds nach begründet werden kann. Wie ich letzthin von (Prälat) Bähr gehört habe, könnte es bald geschehen.«

Weiter heißt es: »Ich versichere Sie, dass dieser Vorgang bei der Liebe, welche ich für die Gemeinde habe, bei dem, was ich für sie getan habe (und hier sei mir erlaubt, ohne mich zu rühmen, davon zu reden) und noch ferner immer gerne tun werde, mir so schmerzlich fiel, dass ich all mein bisschen Christentum nötig hatte, um in dieser Prüfung demütig zu bleiben. Früher hätte ich auf der Stelle mein Vorsteheramt samt der Verrechnung mit der Kasse und allem niedergelegt und hätte mich still zurückgezogen. Nun weiß ich wohl, dass ich das als Christ nicht darf und auf dem Posten, welcher mir von der Vorsehung übertragen worden ist, ausharren muß, im Sturm und im Sonnenschein.«

Gott gab Gnade, dass die aufgetretenen Spannungen überwunden werden konnten. Am 31. Mai kam Kaspar Schlatter zu Besuch nach Graben und übernachtete im Pfarrhaus. Von Montag, 28. Juni, bis Samstag, 3. Juli 1824, war Henhöfer auf Schloss Steinegg und in der Umgebung, traf sich mit Herrn Josenhans in Mühlhausen, hatte eine Unterredung mit Kaspar Schlatter und fuhr am Samstag mit dem Freiherrn bis Karlsruhe. Am 20. 7. schrieb Henhöfer in sein Tagebuch: »Es war entschieden, dass Schlatter in Mühlhausen und ich in Graben bleiben solle.«

Im darauf folgenden Jahr schenkte ihm Gott manche Freude und Erquickung. Am 11. Februar 1825 schreibt Henhöfer über den Besuch des Herrn von Gemmingen: »Er war mir Trost und Stärke.«

Am 3. August 1825 lässt ihn der Kronprinz von Preußen, der spätere König Friedrich Wilhelm IV., grüßen. Man war auch in Preußen auf den Übertritt Henhöfers mit 220 Gemeindegliedern aufmerksam geworden. Als für die kleine evangelische Gemeinde Mühlhausen eine Kirche gebaut und im Jahr 1830 eingeweiht wurde, stiftete König Friedrich Wilhelm III. ein Kruzifix und zwei gusseiserne Leuchter.

Am 28. August 1825 erlebte Henhöfer die Freude, dass der Bürgermeister des rein katholischen Ortes Stupferich, heute ein Stadtteil von Karlsruhe, zu ihm kam und acht Neue Testamente holte. Das kostbarste Geschenk aber erhielt er am 7. Oktober 1825: »einen besonderen Eindruck von Gottes gnädiger Vergebung der Sünden«.

Eine Familie in Schröck (Leopoldshafen) kommt zum Glauben

In den vier Jahren, in denen Henhöfer in Graben wirkte, sind viele Menschen zum lebendigen Glauben durchgedrungen, auch eine Frau in dem nahe gelegenen Schröck. Unter Großherzog Leopold erhielt das Dorf den neuen Namen Leopoldshafen.

Der Mann war ein harter, roher Mensch, der seine Frau oft sehr lieblos behandelte. Als das Kinderhäuflein wuchs, wurde die Not der Familie immer größer. Da hört die geplagte Frau, in Graben sei ein Pfarrer, der den Leuten sagen könne, wo es ihnen fehle und wie ihnen geholfen werden könne. Obwohl es nach Graben zwei Stunden Wegs sind und trotz der Misshandlungen, die ihr von ihrem Mann in Aussicht stehen, treibt es sie doch unwiderstehlich, den Pfarrer in Graben zu hören. Sie kommt in die volle Kirche. Wie wohltuend klingen dieser zerknirschten, heilsbegierigen Frau die Worte von dem guten Hirten Jesus, der sein Leben für seine Schafe gelassen hat und sie auf gute Weide und zum frischen Wasser führen will. Alle Tröstungen, die der Heiland den Sündern anbietet, kann sie sich zueignen. Reichlich getröstet, ja selig geht sie wieder heim. Dort erwartet sie der rohe Mann mit Zorn und Unwillen, und nicht bloß diesmal, sondern oft muss sie Misshandlungen ausstehen. Allein sie trägt alles, selbst harte Schläge, mit der größten Sanftmut, und nichts ist imstande, ihr den Glauben und die Ruhe zu nehmen.

Schon einige Zeit ist sie in dieser Kreuzesschule. Da hat ihr Mann in der Mühle in Graben zu mahlen. Es trifft sich gerade, dass er über den Sonntag dort bleiben muss. Da sagt er sich: »Ich muss doch auch einmal den Pietisten-Pfarrer hören, der meine Frau verrückt gemacht hat und von dem sie immer so viel Wesens macht.« Und wirklich geht er hin. Aber damit ihn niemand bemerke, wenn er genug hat und fortgehen will, stellt er sich ins Glockenhaus. Henhöfer kommt auf die Kanzel. Da will es ihm lächerlich dünken, dass die Leute wegen des unscheinbaren Männleins so weit herlaufen und sich ganz von ihm leiten lassen. Und als Henhöfer so leise spricht, dass man kaum ein Wort verstehen kann, da möchte er fast wieder zur Kirche hinaus. Aber etwas oder vielmehr Einer hält ihn. Wir kennen den, welcher nicht den Tod des Sünders will, sondern dass sich der Sünder bekehre von seinem Wesen und lebe. Henhöfer wird immer lauter und kräftiger, und die übervolle Kirche ist in tiefer Spannung. Das Herz des Mannes im Glockenhaus wird bewegt, er kann dort nicht bleiben. Ganz unbewusst drängt er sich vor, bis er zuletzt vor der Kanzel steht. Er ist ganz Auge und Ohr, ja ganz Herz. Seine Sünden, besonders die gegen seine gute Frau, fallen ihm schwer auf das Gewissen. Große Tränen stehen in seinen Augen. Er denkt: »Ach wäre sie doch hier, wie wollte ich ihr um den Hals fallen und sie tausendmal um Verzeihung bitten!« Und wirklich ist sie in der Kirche und denkt auch: »Wenn doch nur mein Mann die Predigt hörte!« Und als sie draußen vor der Kirche sich treffen, da fallen sie sich um den Hals und weinen. Und gewiss haben sich die Engel im Himmel gefreut über jenen Sünder, der Buße tat. Von nun an war ein ganz anderes Leben in jenem armen Haus in Schröck.

Später sind sie mit ihren Kindern nach Amerika ausgewandert. Da erhob sich bei der Überfahrt ein furchtbarer Sturm. Dem Schiff drohte der Untergang. Alle Leute gaben die Hoffnung auf Rettung auf, nur die Frau von der Hardt nicht. Sie rief die Schiffsleute zusammen, forderte sie auf, mit ihr niederzuknien, und tat ein solch inbrünstiges Glaubensgebet, dass alle davon tief bewegt waren. Der Sturm hörte auf, und sie kamen glücklich in Amerika an.

Gäste im Pfarrhaus in Graben

Henhöfers Übertritt war in weiten Kreisen bekannt geworden. Von seinem Glaubensbekenntnis wurden schon im Jahr 1823 12.000 Exemplare oder noch mehr in ganz Deutschland und darüber hinaus verbreitet. Es verging fast kein Tag, an dem Henhöfer nicht ermunternde Briefe bekam. Das Pfarrhaus in Graben wurde ein Mittelpunkt, in dem sich die verschiedensten Leute aus den verschiedensten Gegenden trafen. In Henhöfers Tagebuch sind viele Besucher erwähnt. Über achtzigmal war der Schreiner Brougier von Mühlhausen oder eines seiner Familienglieder in der Zeit von 1823 bis 1830 bei Henhöfer in Graben und später in Spöck, über siebzigmal Freiherr von Gemmingen, seine Frau und die Kinder.

Allein in zwei Monaten waren fünfzig Besucher in Graben zu verzeichnen. Einige seien erwähnt: Baumeister Weinbrenner, Karlsruhe, Professor Rudelbach, Kopenhagen, Professor Marheineke, Berlin, Professor Ullmann, Heidelberg, Dr. Pinkerton aus England, Herr von Aderkas aus Russland.

Henhöfer berichtet auch, wie die beiden Brüder Josenhans von Leonberg und Stuttgart zu ihm kamen und wie er sie besuchte und mit ihnen nach Korntal ging. Die Kirchenräte Sander, Doll und Bähr von Karlsruhe suchten ihn in Graben auf. Am 15. Juni 1826 besuchte ihn Ludwig Federhaff von der M. Hahn'schen Gemeinschaft in Calw mit seinem Sohn. Henhöfer machte am 14. April 1828 einen Besuch im Haus Federhaff.

Es ist erstaunlich, wie er den Umgang mit so vielen Menschen aus den verschiedensten Ständen in seinem Pfarrhaus bewältigen konnte. Dazu war er selber oft unterwegs. Trotzdem versah er sein Amt in großer Treue. Ein überaus regsamer, starker Geist lebte in diesem sonst so stillen Mann.

Unterwegs gab es immer wieder auch mit Katholiken Gespräche. Dafür einige Beispiele: 22. August 1823: »Unterhaltung auf der Straße nach Neudorf mit einem Katholiken von da über die Frage: ›Kann ich wohl auch noch selig werden nach so viel vergeblich, selbst eidlich gemachten Vorsätzen?‹« 24. August 1823: »Unterredung mit einem Schmied von Zeutern, der mich um ein Almosen ansprach, über das Kreuz und die Verheißungen Gottes.« 26. April 1824: »Unterredung mit dem Adlerwirt von Neudorf über meinen Übertritt.« 27. April 1824: »Unterredung mit einer Frau von Neu-

dorf über den wahren Weg zum Himmel bei einem Spaziergang.«
29. April 1824: »Unterredung mit einem Neudorfer über die Erb-
sünde.«

Als Henhöfer sechs Wochen in Graben war, starb sein Vater. Er
schrieb in sein Tagebuch am 11. September 1823: »Heute erfuhr ich
den Tod meines am 7. September früh sieben Uhr als an einem
Sonntag selig vollendeten Vaters durch Herrn Pfarrer Beyerle. Mein
Herz tief betrübt, wünsche ihm die ewige Ruhe.«
Die vielen Besuche brachten viel Unruhe und viel Arbeit mit sich.
Da war es für Henhöfer eine Hilfe und eine Freude, dass im März
1824 seine 71-jährige Mutter zu ihm kam. Der Sohn berichtet
darüber:
15. März 1824: »Diesen Morgen fuhr ich mit Rösch nach Ettlingen, meine Mutter abzuholen, und kam abends in Völkersbach an,
machte Besuch im Pfarrhaus und ging am andern Morgen
7 Uhr mit meiner Mutter von Völkersbach fort. Rösch und meine
Mutter aßen in Karlsruhe miteinander zu Mittag. Ich traf Herrn von
Gemmingen und kam abends 8 Uhr mit meiner Mutter in Graben
an. Auslage 6 Gulden, 35 Kreuzer.« Am 23. März werden Kleider
und ein Halstuch für die Mutter gekauft.

Henhöfers Predigt in der Schlosskirche zu Karlsruhe

Die Anklagen gegen Henhöfer wollten nicht aufhören. Neue kamen
hinzu wegen der Erbauungsstunden, die ohne Zutun Henhöfers in
der Umgebung entstanden. Zwei seiner Kirchengemeinderäte, die
an den Stunden teilnahmen, sollten entlassen werden. Er selbst wurde ermahnt, seine Gemeinde vor dem Pietismus zu bewahren und
keine Versammlungen aufkommen zu lassen.
Im April 1827 erhielt Henhöfer den Auftrag, am Sonntag nach
Ostern in der Karlsruher Schlosskirche zu predigen. Er erschien mit
einigen Bänden aus Luthers Werken und bestieg die Kanzel. Unter
den vielen Menschen hörte auch ein fünfzehnjähriger Lyceums-
schüler die Predigt Henhöfers über das Brot des Lebens nach Johannes 6. Er war tief beeindruckt und hat als reifer Mann darüber
gesagt: »Unvergesslich ist mir der Mann und seine Predigt geblieben. Ich sehe ihn noch immer mit dem eigentümlichen Angesicht,

seine Bücher unter dem Arm, auf die Kanzel treten. Ich habe viele Predigten in meinem Leben gehört und wieder vergessen, aber jene bleibt mir unvergesslich.« Dieser Schüler war Carl Peter, der in jener Zeit nicht ahnte, dass er fünfzehn Jahre später zu dem Kreis der Männer um Henhöfer gehören werde, durch die Gott viele zum neuen Leben gerufen hat, und dass er später Henhöfers Nachfolger in Spöck werden sollte.

Emil Frommel berichtet über diese Predigt Henhöfers: »Er begann: ›Diese Versammlung ist gewohnt, in dieser Kirche schöne und geistreiche Predigten zu hören; das zu leisten, bin ich außer Stande. Dafür hat mir Gott die Gabe der Deutlichkeit gegeben. Ich will daher mein Pfund nicht vergraben, sondern anwenden.‹ Er predigte vom ›Brot des Lebens‹. Was ist's? Wie genießt man's? Was nützt's? Für wen ist's? Das war seine Einteilung. Dann kam vor: Glauben heißt: 's Brot *essen* (nicht etwa ansehen!) und das Wasser des Lebens auf die Wiese seines Herzens leiten. Ach kommet doch zum Herrn! ›Nicht Tugend ist der Seele Leben‹ (wie's im Gesangbuch stand), sondern ›Christus ist der Seele Leben‹! Als er schloss: ›Was werdet ihr hinausbringen? Vier Bretter ist euer Erbe im Tod; die Weltkomödie hat bald ein Ende. Nur was in Christus erfunden wird, wird selig‹ – ward's totenstill. Die Predigt dauerte zwei Stunden, denn er las viel aus Luther vor. Karlsruhe war voll davon, und in den Wirtshäusern diskutierten die Leute über die Predigt des ›Bauernpfarrers‹.«

Henhöfers Zeit in Graben ging bald darauf zu Ende. Er schreibt rückblickend auf diese vier Jahre: »Auch andere Kämpfe und Leiden hatte ich, die größten mit der Sünde. Unvergeßlich bleiben mir viele Gnaden- und Leidenstage. Im Ganzen lebte ich aber zufrieden und glücklich dort.«

Wirksamkeit in Spöck und Staffort und darüber hinaus (1827–1862)

Vielseitige Arbeit in beiden Gemeinden

Weil viele Gottesdienstbesucher aus Spöck nach Graben kamen, waren manche Grabener besorgt und sagten: »Die Spöcker sollte man gar nicht mehr hereinlassen, die stehlen uns sonst unsren Pfarrer weg.« Als im Jahr 1827 die Pfarrstelle in Spöck frei wurde, wandten sie sich an den Großherzog mit der Bitte, Aloys Henhöfer solle ihr Pfarrer werden. Ihre Bitte wurde ihnen gewährt. Emil Frommel schreibt: »Auch lag es dem Großherzog, der ihn am liebsten in Karlsruhe als Pfarrer gehabt hätte, daran, ihn nirgends länger als zwei Jahre zu lassen, weil er mit richtigem Scharfblick Henhöfers Hauptaufgabe, zu wecken, erkannt hatte.«

Julius von Gemmingen schrieb ihm damals: »Ich war heute beim Großherzog, der mir mit vielem Eifer erzählte, dass Sie nun nach Spöck kämen, wobei er von dem ganzen Verlauf mit viel Wärme sprach. Da Sie sich nun ganz leidend (passiv) verhalten haben, so wollen wir es für den Willen Gottes halten, dass Sie dahin kommen sollen. Ich wünsche Ihnen dazu von Herzen Glück und Segen und alles, was Sie brauchen werden, um eine christliche Gemeinde zu bilden.«

Henhöfer hatte sich die Liebe seiner Gemeindeglieder in Graben erworben, auch solcher, die sich nicht entschließen konnten, das Wort der Wahrheit anzunehmen. Sein freundliches, wohlwollendes Wesen, sein demütiger und frommer Wandel hatte sie überzeugt, dass er wirklich ein Knecht Gottes sei.

In seinem Tagebuch finden sich folgende Einträge über seinen Wechsel von Graben nach Spöck: 13. Mai 1827: »Abschiedspredigt in Graben mit vielen Tränen.« 14. Mai 1827: »Heute nachmittag drei Uhr zogen wir ganz von Graben aus. In allem 23 Fuhren. Almosenpfleger Wenz führte die Chaise. Unser Herr Gott segne Aus- und Eingang!« 17. Mai 1827: »Heute morgen zehn Uhr, nachdem ich noch den Posthalter kopuliert (getraut) und den Werner getauft,

Alte evangelische Kirche in Spöck
Zeichnung von 1825

auch heute die noch übrigen Sachen weggebracht hatte, ging ich ganz allein auf dem Weg über Friedrichstal nach Spöck und kam gegen ½ 1 Uhr unerwartet im Pfarrhause an. «Die Spöcker waren ausgeritten und ausgefahren, um ihren neuen Pfarrer feierlich einzuholen. Sie mussten ohne ihn zurückkehren, der in seiner Demut solche Ehrungen nicht liebte.

Spöck und Staffort liegen zwei Kilometer voneinander entfernt. Im Blick auf das kirchliche Leben sah es in beiden Gemeinden nicht gut aus. Zwar hatte der bisherige Pfarrer Karl Friedrich Eisenlohr (1777–1838) viel für die Armen getan. Hauptlehrer A. Hauer schreibt in seinem Buch »Das Hardtdorf Spöck« über ihn: »Pfarrer Eisenlohr hat besonders bei der Bearbeitung der Kirchenbücher treffliche Arbeit geleistet. Er kann mit Recht als der ›Geschichtsbeflissene‹ (Historiker) unter den Spöcker Pfarrherren bezeichnet werden. Ein ausgezeichneter Prediger scheint er indessen nicht gewesen zu sein.« Bei Emil Frommel heißt es: »Hatten die Grabener vor der Ankunft Henhöfers einen vorbereitenden Johannes gehabt, so war Spöck und Staffort in den Schlaf gesungen worden. Sie hatten einen Pfarrer, der seine Predigten ablas und seine Gemeinde nie anschaute.«

Jetzt trat der neue Pfarrer mit großem Eifer, mit Kraft und Liebe auf. Viele Schläfer wachten auf, und wenn einer während der Predigt einschlief, konnte Henhöfer den Nachbarn von der Kanzel zurufen: »Weckt mir doch den auf!« Es geschah unweigerlich.

Er musste jetzt dreimal am Sonntag Gottesdienst halten. Wenn er in Spöck die Frühpredigt hatte, fand dort am frühen Nachmittag die Kinderlehre mit der Jugend statt, an der auch viele Erwachsene teilnahmen. In Staffort wurde dann die Hauptpredigt gehalten. Am folgenden Sonntag war es gerade umgekehrt. Die beiden Kirchen waren wie belagert von Einheimischen und Fremden, alle Räume bis in die Sakristei hinein und oft auch die Kanzeltreppe waren dicht besetzt, sodass der Pfarrer kaum auf die Kanzel gelangen konnte. Das war am Morgen und am Nachmittag der Fall, denn so gewaltig auch seine Predigten waren, so belehrend und eindringlich hielt er seine Kinderlehren ab; darin war und blieb er ein Meister. Obwohl er damals in der besten Manneskraft stand, strengte ihn dieser aufreibende Dienst allzu sehr an. Seine Hauptpredigt dauerte manchmal bis zu zwei Stunden. Sie war niemandem zu lang. Wenn der Gottesdienst zu Ende war, musste er schweißgebadet nach Hause eilen, sich umkleiden und schnell essen, damit die Kinderlehre zur rechten Zeit beginnen konnte. Deshalb brauchte Henhöfer notwendig zur Hilfe einen Vikar.

Die ersten geistlichen Mitstreiter unter der Pfarrerschaft

Vikar Ludwig Hager (1801–1840), Pfarrer in Mühlhausen

Im benachbarten Rußheim wartete damals der Pfarramtskandidat Johann Ludwig Hager auf eine Anstellung. Als Henhöfer am 22. April 1827 in der Karlsruher Schlosskirche zu predigen hatte, bat er Hager, ihn in Graben zu vertreten. Am Tag darauf wurde vereinbart, dass er Henhöfers Vikar werden solle. Hager nahm sich fest vor, auf der einen Seite zwar alles zu tun, um im Frieden mit Henhöfer auszukommen, auf der anderen Seite aber sich nicht von Henhöfers Überzeugungen anstecken zu lassen, wie er sich damals ausdrückte. »Ich stieß mich freilich an diesem und jenem, was man zu dem so verhassten Pietismus rechnet, doch hatte ich im Verborgenen einen Zug zu dem lieben Mann. Es war mir anfangs auch etwas unbehaglich, wenn sonntags Leute kamen, die über das Wort Gottes redeten und Lieder von Hiller sangen. Doch in meinem Inneren tat es mir wohl, und ich sang bisweilen mit. Ohne Zweifel hat Henhöfer viel für mich gebetet, an meinem Benehmen sich aber nicht im Geringsten gestoßen, sondern mich mit viel Geduld und Nachsicht getragen. Er sprach auch nie nur im leisesten Ton: ›Werden Sie anders, predigen Sie anders!‹«

Der während des Studiums in Heidelberg eingesogene Unglaube war eigentlich bei Hager nur wie angeklebt; im Herzen hatte Gott ihm einen kindlichen Bibelglauben bewahrt. Jetzt sah er mit einem Mal, wie lebendig diese Bibel ist. Die liebreiche Behandlung, die er von seinem sanftmütigen und geduldigen Lehrpfarrer erfuhr, wirkte tief auf seine Seele. Henhöfer war eben nicht der unduldsame Finsterling, wie er weithin verschrien war. Es währte nicht lange, da fand Vikar Hager Frieden im Versöhnungstod Christi. Christus der Gekreuzigte wurde von nun an die Seele seiner Verkündigung.

Jetzt war Henhöfer nicht mehr allein, sondern hatte einen Vertrauten, mit dem er sich aussprechen konnte. Das brauchte er sehr nötig. Die Feindschaft der Nachbarpfarrer saß tief. Immer wieder kam sie zum Ausbruch. Bei einer Textbesprechung entbrannte der Streit. Einige redeten so lästerlich gegen Gottes Wort und gegen Henhöfer, dass er sich für einige Zeit von diesen Zusammenkünften zurückzog.

Drei Jahre lang war Ludwig Hager Henhöfers Vikar, sein »Timotheus«, wie er ihn gerne nannte. Im Frühjahr 1830 bot Freiherr von Gemmingen als Patronatsherr Ludwig Hager die Pfarrstelle in Mühlhausen an. Henhöfer fiel es schwer, ihn ziehen zu lassen. An der Familie von Gemmingen erlebte Hager viel Freude. Gott hatte Henhöfer den Eltern als Seelsorger und den Kindern als Hauslehrer zum Segen gesetzt. Hager schrieb über sie: »Ach, ich kann den Eindruck, den diese Familie auf mich macht, nicht beschreiben. Wenn nicht nur Vater und Mutter, wenn auch die Kinder vom größten bis zum kleinsten Jesus ihren Herrn nennen und ihn lieb haben und wenn dieses Band Eltern und Kinder umschließt, dieses Band der Liebe, wahrlich, dann sieht der Jesusfreund den kleinen Himmel abgebildet, die selige Gemeinschaft, deren sie sich dort erfreuen werden. Ich kann diese Familie nicht besser schildern, als wenn ich sie eine patriarchalische nenne. So kommt sie mir vor. Der Hausvater ist Hauspriester und geht mit seinem Herrn um, wo er geht und steht. Die Bibel liegt auf seinem Arbeitstisch, die Quelle des Lebens. Aus ihr wird geschöpft vor, bei und nach der Arbeit.«

In Mühlhausen verheiratete sich Ludwig Hager mit Beate Josenhans, der Tochter von Henhöfers Freund in Leonberg. Es war ihm nur eine kurze, aber reich gesegnete Wirksamkeit geschenkt. Im Alter von 39 Jahren rief der Herr ihn heim.

Henhöfer schrieb am 13. August 1840 an seinen früheren Vikar Ledderhose, der jetzt Pfarrer in St. Georgen war: »Mit schwerem Herzen zeige ich Ihnen den Heimgang unseres lieben Freundes und Bruders, des Herrn Pfarrer Hager von Mühlhausen, an. Er erkrankte am 1. August abends und war am 8. früh um 4 Uhr schon eine Leiche. Ein Nervenfieber raffte ihn so schnell dahin. Tief hat mich dieser Fall ergriffen. Die Lücken sind groß, die dadurch entstanden sind. So sehr ich gewünscht habe, Sie aufs bäldeste zu sehen, bin ich doch durch diesen Sterbefall so niedergeschlagen und gebeugt worden, dass mir alle Lust zum Reisen verging. Nur nach Mühlhausen zieht's mich zu Hagers Kindern und der Gemeinde.

Doch ist es später noch möglich, dass ich dennoch komme. Meine Gesundheit bedarf einer Erholung, und ich bin gerne bei meinen Vikaren, die mich kennen und wo ich zu Hause bin. Käß und ich waren bei der Leiche. Blumhardt von Möttlingen hielt die Leichenrede. Schlatter sprach am Grabe. Es waren aus vielen Orten Leute da und die Trauer groß, wiewohl christlich.« Auch Christian Gottlob Barth von Calw nahm an der Beerdigung teil.

Wie lag doch Henhöfer sein Mühlhausen so sehr am Herzen! Er tat alles, damit dieser seiner Gemeinde ein gläubiger Diener Christi vorstehen möchte; denn er wusste, wie viel ein Mietling verderben kann. Der Herr der Kirche bereitete ihm die Freude, dass ein tüchtiger Mann Hagers Nachfolger wurde, Pfarrer Karl Zimmermann, der später von 1857 an Henhöfers Dekan war.

Henhöfer sorgte väterlich für die vier Kinder Hagers und übernahm die Vormundschaft. Frau Hager wurde Hausmutter im Basler Missionshaus, während ihr Bruder Joseph Josenhans die Basler Mission leitete. Sie starb nach 53-jähriger Witwenschaft im Jahr 1893 in Leonberg. Der 1839 geborene Sohn Nathanael wurde Henhöfers letzter Vikar.

Pfarrer Christoph Käß (1797–1843) in Graben

Solange Henhöfer Pfarrer in Graben war, stand er bei den Textbesprechungen mit den Nachbarpfarrern allein da. Im Anfang seiner Zeit in Spöck trat einer schüchtern für ihn ein: Christoph Käß, sein Nachfolger in Graben. Er war 1821 Pfarrer in Hochstetten geworden. Als zwei Jahre später Henhöfer nach Graben kam, gingen die Hochstetter scharenweise dorthin. Das verdross ihren Pfarrer sehr. In scharfen Worten machte er seinem Ärger gegen die »Ausläufer« Luft. Je mehr und je bissiger er das tat, umso mehr Gemeindeglieder trieb er nach Graben. Keiner widerstand anfangs Henhöfer bei den Zusammenkünften der Geistlichen gründlicher und zäher als er. Doch er wehrte sich wie ein Fisch, der an der Angel hängt. Je mehr der sich wehrt, umso fester dringt die Angel ein. Christoph Käß fing an, sich dem Wort Gottes zu unterwerfen. Nach und nach wurde aus einem Feind Henhöfers ein Freund.

Als er 1827 Henhöfers Nachfolger in Graben wurde, lernte er die verschrienen Pietisten selber kennen und viele von ihnen hoch achten. Er sagte später manchmal: »Ich hatte fast gemeint, dass sie Hörner hätten, und sah doch jetzt keine, als ich in ihre Nähe kam.« Eine durch Henhöfer zum Glauben gekommene Witwe in der Nachbarschaft des Pfarrhauses besuchte ihn fleißig. Sie schüttete ihr volles, Jesus liebendes Herz einfältig vor ihm aus. Diese Zeugnisse wirkten tief und nachhaltig auf ihn. Dazu kehrte der Herr mit einem schweren Hauskreuz bei ihm ein. Seine Frau, die wie eine Rose geblüht hatte, welkte dahin und starb bald an einem Lungenleiden. Da konnte er sich nicht mehr halten. Er beugte zum ersten Mal in seinem Leben seine Knie und suchte und fand Gnade und neues Leben bei dem, der für uns gestorben und auferstanden ist. Von nun an wuchs er innerlich wie ein Baum, gepflanzt an Wasserbächen, und wurde in kurzer Zeit ein ganz verwandelter Mensch. Seine reichen Gaben stellte jetzt ganz in den Dienst des Reiches Gottes.

Im Jahr 1840 wurde er Pfarrer in Diedelsheim bei Bretten. Es war ihm geschenkt, den Nachbarpfarrer Karl Daniel Justus Rein (1800–1865) in Gondelsheim zum lebendigen Glauben zu führen, der von 1851 an der Förderer des Nonnenweierer Werkes von Mutter Jolberg wurde. Nachdem seine Tochter Wilhelmine am 27. Oktober 1843 gestorben war, schrieb Käß an Henhöfer:

»Dieser große Verlust ist mir dadurch, dass ich sie zum Leben hindurchgedrungen erkennen durfte und selig weiß, um vieles gemildert. Der Herr bleibe mit seiner Gnade mit uns und gebe, dass auch unsre letzten Worte diejenigen meiner lieben Wilhelmine sein können: ›Ich sterbe auf Christus.‹« Bald darauf ergriff auch ihn eine tödliche Krankheit, die er als seinen Heimruf erkannte. Er bat, man solle ihn nicht aufhalten. Am 6. Dezember schrieb Henhöfer an Karl Friedrich Ledderhose in St. Georgen: »Käß ist nicht mehr unter uns. Diesen Morgen entschlief er selig im Herrn. Montags besuchte ich ihn noch und hatte gute Hoffnung. Er aber erwartete seinen Heimgang. Seine Stelle ist schwer zu ersetzen. Mehr kann ich Ihnen nicht schreiben; es ist Nacht und ich außer Stande, viel zu schreiben.«

Christoph Käß hatte seit 1832 mit Henhöfer und Dietz zusammen Predigten in seinem Blatt »Christliche Mitteilungen« herausgegeben. Die letzte Ausgabe des Blattes erschien im Dezember 1843. Vom 6. Januar 1844 an gab Pfarrer Mann in Hochstetten bei Karlsruhe wöchentlich »Das Reich Gottes« heraus, ein christliches Volksblatt für das Rheinland. In drei Blättern im Januar 1844 veröffentlichte er ein Lebensbild des früh Heimgegangenen unter der

Überschrift: »Wer will zu ihm sagen: Was machst du?« (Hiob 9, 12).
Darin heißt es: »Sein Leben hatte den rechten Mittelpunkt in
Christus gefunden. Dem Herrn sei Ehre und Preis dafür, dass er uns
dieses Werkzeug verliehen und gesegnet hat.«

Pfarrer Georg Adam Dietz (1800–1844) in Friedrichstal

In jener Zeit, als Gott kräftig an Christoph Käß wirkte, kam
Georg Adam Dietz als Pfarrer nach Friedrichstal. Im Blick auf Henhöfer und Käß sagte er: »Diese Richtung meiner Nachbarn ist mir
sehr unangenehm.« Bei einer Zusammenkunft im Pfarrhaus in
Spöck kam es zu einem heftigen Auftritt, von dem Henhöfer berichtet: »Ich bat ihn ernstlich, in meinem Hause nicht mehr so ver-
ächtlich von Christus zu reden. Er gab eine harte Antwort darauf.
Dann stellte er sich ans Fenster und sprach: ›Eher muss mir eine
Ader im Hirn springen, ehe ich zu Ihnen falle und Ihrer Lehre Beifall gebe.‹ Und doch fiel er dieser Lehre zu, ohne dass ihm eine Ader
im Hirn sprang.«

Henhöfer und sein Vikar Hager beteten viel für den Nachbarpfarrer Dietz. Ende August 1829 kam die Erhörung. Über das damalige Zusammentreffen schrieb Henhöfer: »Diesmal fanden wir
den Mann ganz anders: viel ruhiger, nicht mehr so schreiend, in
manchem zustimmend, in dem er früher ganz entgegen war. Hager
trat hinaus und musste weinen, und auch mir trat eine Träne ins Auge über diese Veränderung.« Beim Weggehen stellte Dietz fest:
»Gottlob, dass wir nun *eines Sinnes* sind.« Zu seiner erstaunten Frau
sagte er: »Freu dich mit mir, denn mir ist Erbarmung widerfahren!
Ich weiß nun, dass ich in Christus Jesus Vergebung meiner Sünden
habe.« Georg Adam Dietz besprach sich nicht lange mit Fleisch und
Blut. Am nächsten Sonntag war die Gemeinde Friedrichstal von all-
gemeinem Staunen ergriffen. Ihr Pfarrer verkündigte mit unge-
wöhnlicher Kraft das Evangelium, wie man es bisher nur in Spöck
und Graben zu hören gewohnt war. Henhöfer sagte über ihn: »Er
predigte mit solcher Kraft und solchem Feuer, dass alle darüber erstaunten und in Erwartung waren, was da kommen sollte. Täglich
hielt er eine Morgenandacht in der Kirche. Bald gab es eine Schei-
dung in seiner Gemeinde, weil vielen sein Eifer übertrieben schien.
Die ganze Umänderung dieses vorher so lebenslustigen Mannes
konnte man sich nicht erklären.«

Zum ersten Mal traten die drei Pfarrer von Spöck, Graben und Friedrichstal gemeinsam an die Öffentlichkeit, als sie im Jahr 1830 zum 300. Jubiläum des Augsburger Bekenntnisses ihre Predigten miteinander herausgaben. Die Einheit des Geistes und die Mannigfaltigkeit der Gaben leuchteten deutlich heraus.

Als Dietz im Jahr 1839 in die Gemeinde Ichenheim bei Lahr mit ihrem Filialort Dundenheim gekommen war, erfuhr er viel Ablehnung und Feindschaft. Doch konnte er einmal nach einer Predigt einem Freund schreiben: »Am letzten Sonntag hat es ein Loch in der Gemeinde gegeben.«

Als es mit Christoph Käß zum Sterben ging, lag auch Dietz schwer krank danieder. Eines Morgens brachte der Briefbote einen Brief ins Pfarrhaus. Dietz, der um die Erkrankung seines Diedelsheimer Freundes wusste, fragte: »Ist der Brief von Henhöfer?« Seine Frau brach ihn auf. Der Kranke sah ihre Gemütsbewegung. »Ach, mein lieber Bruder Käß ist tot!«, rief er aus. Aber nach kurzem Schmerz richtete er sich auf und fing an, den heimgegangenen Freund über das liebliche Erbteil, das ihm geworden war, selig zu preisen. Er sollte selber dieses Erbe der Heiligen im Licht bald in Besitz nehmen. Eines seiner letzten Worte war: »O wie selig macht doch der Glaube, bei ihm sein zu dürfen! Wie überwiegt doch diese Wonne alle Leiden der Zeit weit, weit!« Am 4. März 1844 ging dieser gewaltige Glaubensprediger, dem so viele Seelen die Führung auf den rechten Weg zu danken hatten, in seiner besten Manneskraft selig heim. Henhöfer hatte ihn sehr geliebt und fühlte seinen Verlust schmerzlich. Im Juli 1844 schrieb er: »Ich fühle stark die Abnahme meiner Kräfte und denke, in kurzem mit Käß und Dietz die gleiche Reise zu machen.« Doch schenkte ihm der Herr noch achtzehn Jahre gesegneten Wirkens.

Der Katechismusstreit (1830–1834)

Im Jahr 1830 sollte in der badischen Landeskirche ein neuer Katechismus eingeführt werden. Einer der Verfasser sagte: »Wir haben ihn mit einem gewissen Gottvertrauen und einem gewissen Leichtsinn gemacht.« Ein anderer erklärte: »Neun Stimmen gegen drei haben sich der Anbetung Christi entgegengesetzt.«

Sieben jüngere Geistliche wandten sich gegen den Katechismus.

Henhöfer war damals 41 Jahre alt, Käß 33, Dietz 30, Hager 29, Gustav Frommel 26, Haag 24 und Mann 24 Jahre alt. Wie es zum Freundschaftsbund dieser Sieben gekommen ist, berichtet Karl Mann am 29. November 1849 in seinem Wochenblatt »Das Reich Gottes«, nachdem Frommel als der Vierte aus diesem Kreis am 13. Mai 1849 gestorben war.

»Im Sommer 1829 wurde der Herausgeber (Karl Mann), damals Vikar in Grötzingen, mit dem lieben Frommel bekannt, als ein Freund auf Besuch da war und fragte, welche Geistliche man in Karlsruhe doch als Freunde Christi besuchen könne. Wir besuchten Frommel und waren sehr erfreut, ihn unter der Arbeit der Gnade zu finden. Der Herr hatte ihn durch Unwohlsein angegriffen, das ihm oft einen nahen Tod vor Augen stellte, und da half sein Erlerntes nicht mehr. Es war ihm die schöne Schrift des seligen Theremin (1780–1846) ›Adalberts Bekenntnisse‹ in die Hände gekommen, und sie hatte ihn zum einfältigen Lesen des göttlichen Wortes geführt, in welchem ihm solche neuen Schätze der Erkenntnis und Gnade aufgingen, dass sein Neues Testament nach und nach beinahe von Vers zu Vers unterstrichen wurde; so wichtig, so ergreifend, so selig war ihm sein Inhalt. Jener Besuch war Veranlassung, dass wir bald darauf in Gesellschaft des im vorigen Jahre auch entschlafenen Wilhelm Hofacker (1805–1848) von Stuttgart zusammen eine Fahrt nach Spöck machten zu dem damals so sehr angefeindeten Pfarrer Henhöfer, bei dem wir Pfarrer Käß, den ersten Freund Henhöfers, sowie Vikar Hager trafen. Hier überraschte uns die freudige Kunde von der Bekehrung des zuvor so feindseligen Dietz, und ihr folgte bald die Haags, eines Freundes von Frommel von der Unversität her. So waren wir, auf wundersame Weise auf den verschiedensten Wegen vom Herrn zusammengeführt, sieben im Glauben verbundene Brüder, die, jeder in seinem Kreise, nach Kräften das Evangelium zu verkünden und wieder in der vaterländischen Kirche zur Anerkennung zu bringen strebten, und der teure Freund (Frommel) stand nun nicht mehr einsam, sondern in einer Gemeinschaft von Gleichgesinnten, die sich namentlich in Besprechung ihrer Amts- und besonders Prediger-Geschäfte förderten und in Gottes Wort erbauten.«

Henhöfer schrieb am Montag, 24. August 1829, in sein Tagebuch: »Herr Repetent Hofacker von Tübingen, Mann und Frommel.« Hofacker übernachtete in Spöck und fuhr am nächsten Tag nach Bruchsal.

Der neue Landes-Katechismus

der evangelischen Kirche

des Großherzogthums Baden,

g e p r ü f t

nach der heil. Schrift und den symbolischen

Büchern.

Eine Vorarbeit für die bevorstehende Generalsynode.

Zweite vermehrte Auflage.

Speyer 1831,
Druck und Verlag der J. C. Kolb'schen Buchhandlung.

Titelblatt »Der neue Landes-Katechismus«

Diese sieben Geistlichen lehnten die Einführung dieses Katechismus ab, weil darin die Gottheit Christi nicht klar anerkannt war,
seine Anbetung in Frage gestellt, sein Verdienst nicht gehörig gewürdigt und gottseliges Leben als Vorbedingung der Sündenvergebung hingestellt wurde. Sie gaben eine Denkschrift heraus: »Der
neue Landes-Katechismus der evangelischen Kirche des Großherzogthums Baden, geprüft nach der heil. Schrift und den symbolischen Büchern. Eine Vorarbeit für die bevorstehende Generalsynode« (die symbolischen Bücher sind die Bekenntnisschriften).
Darin entfalteten sie die drei »Haupt- und Fundamentallehren der
christlichen Religion«:
I.   Die Lehre von Christus oder dem Heiland,
II. Die Lehre von der Erlösung oder dem Heil,
III. Die Lehre vom Weg zur Seligkeit oder dem Heilsweg.

Unterschrieben haben diese sieben Geistlichen, die man »das
Fähnlein der sieben Aufrechten« nannte:
Henhöfer, Pfarrer zu Spöck und Staffort,
Käß, Pfarrer zu Graben,
Dietz, Pfarrer zu Friedrichstal,
Hager, Pfarrer zu Mühlhausen,
G. Frommel, Vikar zu Karlsruhe,
G. F. Haag, Pfarrverweser zu Hagsfeld und Rintheim,
Karl Mann, Pfarrverweser zu Grötzingen.

Besonders scharf wandte sich Henhöfer gegen folgende Formu-
lierung im neuen Katechismus: »Um der Früchte des Todes Jesu
Christi teilhaftig zu werden, müssen wir das Verdienst Jesu Christi
nicht nur gläubig annehmen, sondern auch durch ein gottseliges Leben uns desselben würdig zu machen versuchen.« Hier sah Henhöfer die Lehre vom evangelischen Heilsweg preisgegeben: »Hier wird
zusammen Glaube, Buße und ein gottseliges Leben zur Bedingung
gemacht, um der Erlösung teilhaftig zu werden – katholischer
Heilsweg!« Henhöfer dagegen schreibt in der »Lehre vom Weg zur
Seligkeit«: »Durch das frömmste und heiligste Leben wird der
Mensch nicht Gottes Kind und so Erbe des ewigen Lebens oder selig, sondern das ist er schon vorher geworden, ohne alles Werk und
Verdienst aus freier Gnade durch den Glauben, ja das muss er zuerst sein, ehe er ein wahrhaft gutes Werk tun und heilig leben kann.«

Die von Henhöfer abgefasste Denkschrift fand reißenden Ab-
satz. Bald musste eine zweite, von Christoph Käß erweiterte Auf-

lage erscheinen. So wurde das Zeugnis der sieben Freunde vom Heiland, vom Heil und vom Heilsweg hin und her im Land bekannt. Sie erreichten immerhin in einem vierjährigen Kampf, dass der Katechismusentwurf an wichtigen Stellen verbessert wurde. Sie waren damit zufrieden, dass der neue Katechismus nur als Unterrichtsbuch eingeführt wurde und nicht als gesetzliche Lehrnorm den Bekenntnisstand der Kirche veränderte. Henhöfer erlebte es noch, dass im Jahr 1855 ein neuer Katechismus eingeführt wurde, der zur reformatorischen Lehrgrundlage deutlicher zurückkehrte.

Seminardirektor Wilhelm Stern (1792–1873)

Im Jahr 1832 gewann Henhöfer in Wilhelm Stern einen energischen Mitstreiter. Er stammte aus einer lutherischen Bäckersfamilie in Mosbach. Nach seinem Theologiestudium war er drei Jahre bei Pestalozzi an dessen Erziehungsanstalt in Yverdon gewesen. Im Jahr 1819 wurde er in Gernsbach Diakonus (zweiter Pfarrer) und Leiter der Lateinschule. Vier Jahre später wurde er zum Professor am neuen Karlsruher Lehrerseminar ernannt. Direktor war bis 1837 Kirchenrat Katz, dann Stern bis 1865. Seinen Religionsunterricht erteilte er zunächst im Sinn des damals herrschenden Rationalismus.

Zu einer entscheidenden Wendung kam es bei ihm im Jahr 1832 während einer längeren Reise ins Rheinland, gleichzeitig bei seinem Freund Dr. Heinrich Dittmar, Rektor in Grünstadt in der Pfalz, und bei dem dortigen jüdischen Lehrer David Heman. Dittmar hatte am 4. September 1824 Henhöfer in Graben besucht. Heman machte Stern und Dittmar darauf aufmerksam, dass der Herr, der im Alten Testament mit den Vätern redete, kein anderer sein könne als der Sohn Gottes. Wilhelm Stern fiel es wie Schuppen von den Augen. »Ich hatte eine unbeschreibliche innere Freude, dass ich nun glauben konnte, die Bibel sei Gottes Wort, die Quelle aller Wahrheit. – Wir haben gemeinsam den Entschluß gefasst, uns dem Herrn Jesus zu übergeben und nach seinem göttlichen Wort unser Leben einzurichten.« Doch nahmen sie sich vor, sich von den Pietisten fernzuhalten, »damit unser gesundes Glaubensleben nicht in einen üblen Geruch käme und unserer Wirksamkeit auf andere nicht geschadet würde«.

So kehrte er als ein anderer von seiner Reise zurück. Jetzt begann er den Tag in seiner Familie mit Gesang und Gebet, und abends lasen die beiden Ehegatten ein Kapitel der Heiligen Schrift und sprachen miteinander darüber.

Eines Tages bekam er den Auftrag, nach einer Verwandten in Büchenau (zwischen Bruchsal und Spöck) zu sehen. Als er sie sonntags besuchen wollte, traf er sie nicht an, weil sie nach Spöck gegangen war. Deshalb fragte er im dortigen Pfarrhaus nach ihr. Henhöfer begegnete ihm mit großer Freundlichkeit. Dort war gerade auch Vikar Mann. Sie hatten von Sterns Veränderung gehört und sprachen mit ihm wie mit einem Gleichgesinnten. Auf dem Heimweg nach Karlsruhe kamen sich Stern und Mann sehr nahe. Als sie durchs Durlacher Tor in die Stadt gingen, begegnete ihnen Kirchenrat Katz. Jetzt war klar, wohin Stern künftig gehörte.

Kurze Zeit später machte Henhöfer bei ihm einen Besuch im Seminar. Als Stern ihn nachher durch die Straßen Karlsruhes begleitete, meinte er, »alle Leute sähen und deuteten auf mich, und es war mir, als liefe mir eine Katze den Rücken hinauf«. Jetzt kam es auch zu einer herzlichen Verbundenheit mit dem Karlsruher Vikar Gustav Frommel und der dortigen Gemeinschaft, in der er bald selber Versammlungen hielt.

Im Februar 1833 hörte er Henhöfer predigen: »Er ist ein trefflicher, gediegener Mann von Liebe, heiligem Ernst und einer unbegrenzten Hingebung. Seine Predigt ging mir durch Mark und Bein. In seinem Munde ist das Wort Gottes ganz ein zweischneidiges Schwert.«

Am Karfreitag 1833 hielt Stern eine Aufsehen erregende Predigt in der überfüllten Kleinen Kirche in Karlsruhe: »Jesus Christus, seine Krone und sein Kreuz«, in der er bezeugte, dass »der am Kreuz sterbende Christus der Jehova des Alten Testamentes sei«.

Ende Dezember 1833 schrieb Wilhelm Stern an seinen Freund Dittmar: »Vor acht Tagen bekam ich einen Verweis von der evangelischen Kirchensektion wegen pietistischer Umtriebe. Dabei haben sie mich aber sonst über alle Maßen gelobt und gerühmt wie noch nie.«

An Neujahr 1834 fuhr er mit seiner Frau zu Henhöfer nach Spöck: »Er hat gewaltiglich gepredigt und mich ganz zerschmettert und aufgelöst. Das war ein herrlicher Neujahrstag.« Am 28. Februar 1834 berichtet er: »Vor sechs Tagen waren Henhöfer und Ledderhose bei uns; wir waren recht vergnügt. Henhöfer ist ein gar begnadigter Mann, geduldig wie Mose.«

Als Stern damals den Minister Winter besuchte, wurde er von ihm aufgefordert, sich von Henhöfer fernzuhalten. Der Minister hatte die Veränderung bei Stern bemerkt und sagte zu ihm, sie werde nicht ohne eine äußere Veranlassung gekommen sein. Da berichtete Stern, wie er in einer schweren Krankheit am Rande des Grabes gestanden sei und wie der Tod seines Seminarlehrers Gersbach ihn getroffen habe, den Winter gekannt und geschätzt hatte.

Bald darauf besuchte der Minister den Gymnasialdirektor Johann Theodor Vömel in Frankfurt, mit dem er studiert hatte; Vömels Frau Amalie war eine Enkelin Jung-Stillings. Ihm klagte er seine Not mit Henhöfer und Stern und ihrer Lehre von der Versöhnung. Da sagte ihm der alte Freund das Wort aus 2. Korinther 5, 19: »Gott war in Christus und versöhnte die Welt mit ihm selber.« Winter fragte erstaunt: »Glaubst du denn das auch?« Der Freund, der zum Glauben durchgedrungen war, sagte von Herzen ja. Von da an war der Minister gegen die Gläubigen in Baden freundlicher gesinnt.

Das zeigte sich bei der Generalsynode 1834. Als der Antrag eingebracht wurde, Henhöfer und seine Freunde abzusetzen, weil sie den neuen Katechismus abgelehnt hatten, wandte sich der Minister entschieden dagegen. Stern schrieb damals an Karl Mann: »Am letzten Samstag sind alle Donnerkeile gegen die Pietisten losgeschleudert worden. Fecht (Dekan in Kork) hat mit einer großen Mehrheit die Entsetzung der aufrührerischen pietistischen Pfarrer und meiner Wenigkeit verlangt. Minister Winter widerstand aber und erklärte sich gegen alle gewaltsamen Maßregeln.«

Von der Generalsynode 1843 berichtet Stern, wie er angegriffen wurde, ebenso Henhöfer und die Gemeinschaften. Doch dann heißt es: »Lebhaft verteidigte mich Kirchenrat Sonntag und, was kein Mensch erwartete, Professor Rothe von Heidelberg, letzterer mit größter Wärme und Liebe. Prälat Hüffell verteidigte warm Henhöfer. Für die Missionssache wurde ganz gut entschieden. Jeder Geistliche kann jede Woche Missionsgottesdienst halten.«

Am Ostermontag 1854 predigte Stern auf Wunsch Henhöfers in Staffort über den Gang der Jünger nach Emmaus. »Es war mir eigen zu Mute, vor dieser großen Gemeinde – alle Gänge waren voll meist gläubiger Leute – in Gegenwart Henhöfers zu predigen. Der Herr gab Gnade, und es wurde mir außerordentlich leicht zu reden.« Nachmittags war in Spöck Missionsgottesdienst vor einer außerordentlich großen Menschenmenge. Henhöfer sprach zuerst, hierauf Stern fünfviertel Stunden und hielt das Schlussgebet. – Drei Söhne Sterns wurden Missionare, der Schwiegersohn Sutter Judenmissionar, der älteste Sohn Rudolf Pfarrer in Leiselheim am Kaiserstuhl.

Henhöfer war 35 Jahre bis zu seinem Heimgang Pfarrer in Spöck und Staffort und wirkte kräftig durch seine Verkündigung. Stern blieb nach seiner Bekehrung trotz aller Anfeindungen 33 Jahre lang in seiner Schlüsselstellung als Seminardirektor. Alle evangelischen Lehrer Badens gingen durch seine Schule. Viele empfingen durch ihn das Entscheidende für ihr Leben und trugen es ins Land hinaus. Stern wurde am 24. Januar 1849 Gründer und Vorstand des Evangelischen Vereins für innere Mission Augsburgischen Bekenntnisses, des Zusammenschlusses der durch Henhöfers Wirksamkeit entstandenen Gemeinschaften. Auf den Jahresfesten im September, die von Tausenden besucht wurden, war oft das Zeugnis Henhöfers der Höhepunkt.

Pfarrer Dr. Walter Sick urteilte über das Wirken der beiden Gottesmänner:»Ohne Stern hätte das badische Gemeinschaftswesen vielleicht niemals diesen großartigen Aufschwung genommen, auf den es zurückschauen darf. *Henhöfer* ist der *Vater* der Gemeinschaften gewesen, der mit starker Faust die Türe ins Freie aufgeschlagen hatte, hinter der sich die Konventikel halten mussten. *Stern* aber ist der starke *Sohn*, der sich vor die Konventikel stellte und sie ins Freie führte. Wie kein Zweiter war Stern zu dieser Führerrolle geeignet.«

Henhöfers Familie

Die Mutter Theresia Henhöfer (1753–1833)

Es war rührend, zu sehen, wie der evangelische Pfarrer seine alte Mutter, die im März 1824 zu ihrem Sohn nach Graben gezogen war, anfangs zur Beichte hinüber nach Neudorf begleitete und sie wieder heimbrachte. Doch wurde ihr Sinn immer mehr evangelisch. Sie unterließ das Rosenkranzbeten und las gern und viel in Hillers Liedern. Der Herr schloss ihr Herz für das Evangelium auf.

Der Sohn schrieb nach dem Heimgang seiner Mutter in Spöck:

»Sie war eine sehr fleißige und sparsame Hausfrau, eine zärtliche, ihre Kinder zur Gottesfurcht erziehende Mutter, eine große Beterin, eine Wohltäterin der Armen und unsträflich von Jugend auf in all ihrem Wandel. Mit besonderer Liebe hing sie an ihrem jüngsten Sohn, den sie mit vielem Gebet dem geistlichen Stande bestimmte. Ihr Wunsch wurde erfüllt, jedoch waren auch hier Gottes Gedanken und Wege anders als die ihrigen. Im Jahr 1823, am 7. September, starb nach einer 48-jährigen, mit Kreuz und Freude gemischten Ehe ihr Ehemann. Im Frühjahr darauf, und zwar am 16. März 1824, zog sie dann zu ihrem Sohn nach Graben, und als derselbe hierher als Pfarrer gerufen wurde, am 14. Mai 1827 mit ihm hierher nach Spöck. Diese neuneinhalb letzten Jahre ihres Lebens waren nach vielen harten Tagen und manchen schweren Prüfungen die Tage ihrer Ruhe. Sie widmete sie größtenteils dem Dienste Gottes und der Sorge für ihre Seele. Von nun an las und forschte sie fleißig in der Schrift, und wenige Stellen des Neuen Testaments waren ihr unbekannt. Auch lernte sie bis in ihr hohes Alter viele schöne evangelische Lieder aus Hiller und andern guten Büchern auswendig, die ihr auch in ihrer Krankheit sehr zum Trost und Segen wurden. So herzlich und fleißig sie auch im Zeitlichen war und bis aufs Kleinste alles zu Rat hielt, so blieb doch die Sorgfalt für ihre Seele immer ihre Hauptbeschäftigung. Wenn irgendjemand viel und ernstlich um einen seligen Heimgang aus der Zeit betete, so war sie es. Täglich brachte sie mehrere festgesetzte Stunden im Gebet zu, wovon sie sich durch nichts abhalten ließ, und je näher ihr Ende kam, umso mehr verdoppelte sich ihr Eifer.«

Als Karl Friedrich Ledderhose im Oktober 1833 Henhöfers Vikar in Spöck wurde, ging es mit der 80-jährigen Mutter zu Ende. Er berichtet:

»Henhöfer war damals sehr hinfällig, und ich fürchtete, dass er wohl nicht lange mehr seinen Hirtenstab führen werde. Kaum war ich einige Tage in Spöck, so legte sich das liebe Mütterlein, die alte Theresia Henhöfer, auf das letzte Lager. Die Predigten ihres Sohnes, den sie mit hoher Achtung behandelte, hatten auch in ihrem Herzen Eingang gefunden. Sie sprach gar nichts mehr von der katholischen Kirche und war überhaupt ganz still und demütig. Hillers Schatzkästlein war ihr Lieblingsbuch. Man spürte ihr ab, dass sie mit dem Freund der Seelen, den sie in der Jugend schon gesucht hatte, herzlichen Umgang pflegte. Der Sohn tröstete freundlich die alte Mutter, bei deren Kranksein man bald sah, dass es vom Herrn auf ihren Heimgang abgesehen sei. Der Sohn bot ihr an, den katholischen Pfarrer zu bitten, ihr die Sterbesakramente zu reichen. Sie aber bat, es nicht zu tun, sie wolle auch evangelisch begraben sein. Gerade an einem Sonntag, als er in der Kirche in Staffort unter Tränen für die sterbende Mutter betete, ging sie selig heim. Und ich hatte die ernste Pflicht, meine Arbeit mit der Bestattung des müden Leibes der alten Matrone zu beginnen. Da tat ich einen Blick in das zarte Herz des Sohnes, der nicht bloß über das vierte Gebot predigte, sondern es auch übte. Er schämte sich auch seiner übrigen Verwandten nicht. Es war ihm immer recht, wenn der ältere Bruder Jörg mit dem Dreispitz (dreieckiger Hut) und dem großen, dicken Knotenstock oder der Neffe Gregor von Völkersbach ins protestantische Pfarrhaus nach Spöck kamen. Mehr oder weniger waren auch sie vom Evangelium angerührt, obwohl sie in der katholischen Kirche blieben.«

In den Jahren 1827–1830 hatte der junge Vikar Ludwig Hager mit im Spöcker Pfarrhaus gewohnt. Er war mit der Mutter herzlich verbunden. An ihrem Todestag schrieb Henhöfer an seinen ehemaligen Vikar nach Mühlhausen: »Sie ist recht gläubig gestorben, wovon viele Zeugnisse da sind. Auch Ihrer hat sie noch gedacht und gestern das Lied gesprochen: ›In Jesu will ich bleiben, das sei mein fester Sinn‹, welches Sie voriges Jahr zum Abschied mit ihr gesungen haben. – Beten Sie für mich, ich bin sehr gedemütigt und betrübt. Ich hatte meine Mutter gar lieb.«

Die Ehefrau Luise Henhöfer (1800–1875)

Als Henhöfer ein Jahr Pfarrer in Spöck war, gewann er die Überzeugung, dass er um seines Amtes und um seines Hauses willen nicht länger unverheiratet bleiben könne. In seinem Tagebuch finden sich die einzelnen Schritte verzeichnet, die zu seiner Verheiratung führten:

9. September 1828: »Besuch bei Herrn Daler« (in Durlach, dem Vater von Luise Daler). 23. September: »Mit Käß nach Karlsruhe, Herrn von Gemmingen zu besuchen. Über Nacht (in Karlsruhe), am andern Tag nach Durlach.« 5. Oktober: »Mit Herrn Ebert fuhr ich nach Durlach und übernachtete bei Daler.« 6. Oktober: »Bei Fein in Karlsruhe über Mittag. Abends Verspruch (Verlobung) in

Durlach mit Luise Daler.« Sonntag, 12. Oktober: »Herr Daler, Luise und Sievert bleiben« (in Spöck).

Am selben Tag reichte er die Bitte um Genehmigung seiner Verehelichung ein:

»Großherzogliches hochpreisliches Ministerium! Da der Ehestand Gottes Ordnung ist und nach Gottes Wort ein Bischof eines Weibes Mann sein soll, so habe ich mich endlich entschlossen nach mehrjährigem Hin- und Herwanken und Überlegen, auch dieses letzte Vorurteil früher Jugend und Erziehung zu überwinden und ehelich zu werden. Als Gehilfin für diesen neuen Stand habe ich gewählt Luise Daler von Durlach, die Tochter des dortigen Bürgers und Ratsverwandten (Stadtrats) Ludwig Friedrich Daler, von der ich glaube, dass sie eines Predigers würdig sei.

Da aber hiezu die höhere Genehmigung nötig ist, so habe ich in diesen Zeilen darum gehorsamst bitten wollen.

Spöck, 12. Oktober 1828   *Henhöfer, Pfarrer«*

Luise Franziska Daler war am 6. April 1800 in Durlach geboren. – Nun begannen die Hochzeitsvorbereitungen. 18. Oktober: »Mit Brougier, Sievert und Luise Daler zum Schreiner (Brückel) nach Kleinsteinbach« (Möbel!). 19. Oktober (Sonntag): »Mit Luise und Brougier nach Karlsruhe, um (Prälat) Hüffell predigen zu hören. Bei Wollenschläger über Tisch. Besuch bei Hüffell.« 22. Oktober: »In der Audienz (beim Großherzog). Sehr gnädiger Empfang.« 23. Oktober: »Nach Spöck zurück.« 27. Oktober: »Nach Durlach.« 29. Oktober: »Von Herrn Hofrat Weiß Serenissimo (dem Großherzog) die Staatserlaubnis vorgelegt und unterschrieben.« 31. Oktober: »Das Dorle ab, ich nach Durlach.« 1. November: »Von Durlach nach Hause.« 2. November (Sonntag): »In Spöck ein für allemal meine Proklamation.« 3. November: »Diesen Morgen wurde ich von Maler Schlesinger aus Mannheim abgemalt. Nachher fuhr ich nach Karlsruhe und abends zurück.« 4. November: »Zu Fuß nach Durlach (drei Stunden) und da über Nacht.« 5. November: »Nach Karlsruhe. Herr von Gemmingen. Das neue Kleid gekauft. Luise und ihre Mutter fuhren diesen Abend nach Spöck.«

Am nächsten Tag (Donnerstag, 6. November 1828, 10 Uhr) fand die Trauung in der Kirche in Spöck statt: »Heute früh verehelichte ich mich mit Luise Daler von Durlach. Anwesende: Herr Kirchenrat Hüffell traute, Herr von Gemmingen, General von Stockhorn,

Direktor Fein, Kirchenrat Wollenschläger, Herr Pfarrer Käß, die Eltern (der Braut) mit dem Bruder, Emma und Luis.« 9. November: »In Graben auf der Kirchenvisitation. Luise und (Vikar) Hager kommen nach.«

Für den Neununddreißigjährigen und seine achtundzwanzigjährige Frau war der Anfang des gemeinsamen Lebens nicht leicht. Er bekennt: »Bis wir im Sinne eins waren, gab es für beide manche betrübte Stunde. Der Herr half auch hier, wie schon so oft.« Emil Frommel bemerkte dazu: »Diese Worte sind kurz und lassen viel Leid und Tränen ahnen. Aber wenn sich irgend an einem Menschen Gottes Gnade verherrlicht hat, so war es an ihr. Sie ist nicht nur nach schwerem Leiden, das sie mit seltener Geduld getragen, etliche Jahre nach Henhöfer in großem Frieden heimgegangen, auch ihr Lebensabend war sanft und umleuchtet von Milde und Barmherzigkeit. Noch vom Grabe ihres Mannes war ein besonderer Segen auf sie gekommen.«

Bei Frau Henhöfer ging es durch manche Krankheitsnot. Ihr Mann schrieb am 23. September 1837 an Pfarrer Ludwig Hager in Mühlhausen: »Mit meiner Frau geht es zwar besser, das heißt das Brechen und die großen Schmerzen haben nachgelassen; aber sie ist so geschwächt, dass sie nicht nach Staffort gehen kann. Da sie jung ist, so hoffe ich, auch dieses soll sich wieder geben.«

Den Briefen, die Luise Henhöfer in späteren Jahren ihrem Mann geschrieben hat, kann man entnehmen, wie die beiden Ehegatten zueinander fanden und wie auch die Pfarrfrau von Herzen am geistlichen Leben in den Gemeinden teilnahm. Sie schrieb ihrem Mann im Jahr 1842, als Gott in Spöck eine Erweckung schenkte, die auch ihr zum Segen wurde:

»Mein lieber Mann!
Ach, wie ist doch der Herr so freundlich mit uns! Er gibt über Bitten und Verstehen. Wenn ich mich betrachte und dann seine unaussprechliche Liebe und Treue, die er mir bis jetzt erzeigt hat, so beugt es mich tief in den Staub. Ach, ich möchte den lieben Herrn nicht mehr betrüben.

Die Stunde gestern Abend war gut besucht. Johann hielt das Schlussgebet mit kindlich einfältigem Geist, auch hat er Dich so herzlich eingeschlossen. Bei dieser Gelegenheit brachte ich auch Deinen Gruß an und Deinen Wunsch. Sie dankten alle freundlich dafür. Siehe, so bringen wir unsere Sonntage hin. Sind wir nicht schon selige Leute? Haben wir nicht schon hier einen Vorgeschmack des Himmels?

Besonders grüßt Dich Deine Dich mit Freuden erwartende Luise.«

Für Gäste hatte sie immer ein offenes Haus. Oft war am Sonntag ein langer Tisch für die Auswärtigen gedeckt. Im Pfarrhaus war alles recht bescheiden, vieles von der fleißigen Pfarrfrau gestrickt, die man nie ohne Strickzeug sah.

Frau Luise Henhöfer überlebte ihren Mann um dreizehn Jahre. Mit dem Nachfolger in Spöck, Pfarrer Carl Peter, und seiner Familie blieb sie verbunden, besonders mit der Tochter Lydia, die sich im November 1874 in China mit dem Missionar Gustav Gußmann verheiratete. Am Ende ihres Lebens erkrankte Frau Henhöfer schwer und fand Aufnahme im Hardthaus in Welschneureut. Dieses im Jahr 1851 gegründete Rettungshaus für Kinder war damals das Zentrum des badischen Gemeinschaftslebens. Henhöfer war mit diesem Haus sehr verbunden gewesen.

Gemeindeglieder aus Spöck besuchten Frau Henhöfer im Januar 1875. Sie konnte den rechten Arm nicht mehr bewegen und nicht mehr selbständig essen. Sie bat um Fürbitte und sagte, der Herr werde ihr doch vollends durchhelfen und Kraft schenken, dass sie ihm keine Schande mache.

Als Frau Lydia Gußmann sich bei ihrer Mutter nach dem Ergehen von Frau Henhöfer erkundigte, erhielt sie folgende Antwort:

»Du fragst nach der lieben Frau Pfarrer Henhöfer. Sie ist am 9. März 1875 heimgegangen nach tiefem, schwerem Leiden. Ihr Wunsch war, es möge an ihrem Grabe vom Blute Jesu gesprochen werden, auf welches sie allein sah. An Karoline Paulus hatte sie eine treue, aufopferungsvolle Pflegerin. Es war je länger, je mehr eine schwere Pflege, da das Leiden sich immer weiter ausdehnte. Frau Pfarrer sehnte sich sehr nach ihrer Auflösung. Sie sagte einmal zu Karoline Paulus: ›Wenn ich einmal drüben sein werde, dann will ich so laut jubilieren, dass ich meine, du müsstest es da unten hören.‹

Die Leiche der seligen Frau Pfarrer wurde im Hof aufgebahrt. Sie sah ernst, aber friedlich aus, fast männlich, wie nach ritterlich durchkämpftem Streit ausruhend. Der liebe Vater (Pfarrer Peter) hielt ein Gebet im Zimmer und Herr Pfarrer Hofert die Leichen-rede. Letzterer hatte Frau Pfarrer täglich besucht, und auch Herr Hausvater Mayer war ein fleißiger Besucher, ebenso Herr Dekan Sachs.

Nächsten Dienstag wird die liebe Karoline Paulus von Neureut wieder hierher ziehen. Die gute Karoline hat in treuer Hingebung viel getan an der lieben Frau Pfarrer Henhöfer. Sie sagte, sie habe zu-erst gedacht, das könne sie nicht ausführen. Sie habe zu unserem Herrn Jesus gesagt, sie könne es nicht, wenn er es ihr nicht schenke. Von da an habe sie keinen Abscheu mehr gehabt und alles tun kön-nen. Sie schlief sogar im gleichen Zimmer mit Frau Pfarrer, wo ein so starker Geruch war, dass man im Winter nachts musste ein Fenster etwas offen stehen lassen. Solche Krankheiten sind noch besonders schwer, wo es für andere eine solche Aufgabe ist, einen zu pflegen.«

Im »Reich-Gottes-Boten« erschien folgende Todesanzeige: »Freunden und Bekannten diene die Nachricht, dass heute Abend um 1/2 7 Uhr Frau Luise Henhöfer, Witwe des Pfarrers Dr. Henhö-fer in Spöck, nach längerem schweren Leiden, nahezu 75 Jahre alt, im Glauben an ihren Heiland dahier entschlafen ist.
Welschneureut, den 9. März 1875.   Hofert, Pfarrer.«

Eine Verwandte im Pfarrhaus in Spöck

Eigene Kinder blieben dem Ehepaar Henhöfer versagt. Doch gehörte zur Familie eine Nichte Henhöfers, die sie als Pflegetoch-ter angenommen hatten. Er berichtete im Jahr 1852 seinem Freund Ledderhose, dass sie schwer erkrankt war. Ihre Krankheit hat auch die Pflegeeltern sehr angegriffen. Henhöfer war damals 63 Jahre alt. »Bei einem Alter, wie das meinige ist«, schreibt er, »leidet denn auch mit der Seele der Leib.« Die Nichte wird von Ledderhose noch ein-mal erwähnt, als der Arzt die letzte Krankheit Henhöfers für sehr gefährlich erklärte: »Es lässt sich denken, was für einen schmerzli-chen Eindruck diese ärztliche Erklärung auf seine Frau, die Pflege-tochter und die übrigen Hausgenossen machte.«

Mehr war bisher über die Nichte nicht bekannt. Im Landeskirchli-chen Archiv in Karlsruhe befindet sich ein Brief Henhöfers vom 26. April 1858, der einen erschütternden Einblick in ihre damalige Krankheit gibt. Zwar ist der Empfänger nicht genannt, doch muss

es sich um Pfarrer Johann Christoph Blumhardt in Bad Boll handeln, der 1840 als Pfarrer von Möttlingen die Beerdigung von Ludwig Hager in Mühlhausen gehalten hatte. Dessen Schwager Nathanael Köllner, der Bruder von Frau Doris Blumhardt, war von 1852–1857 Pfarrer in Mühlhausen und von 1857–1859 Pfarrer in Pforzheim. Der Brief beginnt:
»Lieber Freund und Bruder im Herrn!

Sie werden durch Ihre liebe Frau, mit welcher ich letzthin in Karlsruhe, wie ich hoffe, nicht durch Zufall zusammentraf, erfahren haben, in welchem Kreuz wir dermalen leben. Meine liebe Nichte, ein gutes Kind von 14 Jahren, ist uns vor einem Vierteljahr krank geworden.«

Henhöfer schildert dann, wie drei verschiedene Ärzte zugezogen wurden, aber keine Besserung eintrat. »Auf jede Medizin wurde es übler. Das Kind leidet unendlich, und wir alle im Hause gehen beinahe dabei zu Grunde. Um sieben Uhr (abends) fängt das Schnaufen ernstlich an, um acht Uhr verliert sie die Sprache, der Atem stockt ein, zwei, drei Minuten, es ist zum Ersticken. Sie kann nicht einen Tropfen Wasser hinunterlassen. Zwei bis drei Personen müssen bei ihr sein, ihr beizustehen, und so geht es meistens bis früh zwei Uhr. Dann ist's vorüber, sie bekommt wieder ihre Sprache, kann wieder etwas genießen und schläft dann so ruhig ein und fort wie der gesündeste Mensch, ist auch morgens beim Erwachen wieder heiter, steht auch untertags manchmal auf, geht auf kurze Zeit in den Garten und legt sich dann wieder. Aber abends um sieben Uhr kommen die nämlichen Umstände wieder bis zur gleichen Zeit, und so Tag für Tag. Das Herz möchte einem zerbrechen, wenn man das arme Kind so leiden sieht. Beinahe jeden Abend kommen meine Stundenhalter und halten eine Gebetsstunde. – Wir sind bis aufs Haupt geschlagen. Seit 14 Tagen halte ich keine Kirche mehr, ich bin an Leib und Seele entkräftet.«

Nun war die Frage, ob man weiterhin die schweren Arzneimittel anwenden solle oder »das Kind allein dem rechten Arzt im Himmel zur unmittelbaren Hilfe empfehlen, was viele raten. Allein in die Länge können weder wir noch das Kind es aushalten. Ihre liebe Frau hat uns zwar eine Aufnahme in Ihrem Hause auf die freundlichste und dankenswerteste Weise angeboten, allein ich kann mich dazu bei den obwaltenden Umständen nicht entschließen.

Nehmen Sie mir meine Freiheit nicht übel, unser Kreuz und die

Teilnahme Ihrer lieben Frau sowie alte Bekanntschaft hat mich dazu ermutigt. Sehen Sie diesen Brief als ein Zeugnis der Freundschaft und des Vertrauens an und auch zugleich als eine leise Aufforderung, unser im Gebet zu gedenken.

In Liebe und mit Grüßen Ihr im Herrn verbundener

Henhöfer, Pfr.«

Im Jahr darauf ging es der Nichte wieder besser. Sie konnte einige Zeit in ihrer Heimat Waldprechtsweier, einem Nachbarort von Völkersbach, sein. Im Pfarramt in Spöck befinden sich zwei Briefe von ihr, der erste vom 22. August 1859 und der zweite vom 18. März 1861. In beiden heißt die Anrede:»Lieber Onkel«, beim ersten die Unterschrift:»Ihre treue Karolina«, beim zweiten:»Ihre dankbare und für Sie betende K. Schweigert«.

Leider ist keine Antwort Henhöfers an sie erhalten geblieben. Doch ist den Briefen der jungen Verwandten zu entnehmen, dass ihr die Zeit im Pfarrhaus in Spöck zum Segen geworden ist.

Anfragen beim katholischen Pfarrgemeinderat St. Georg in Völkersbach und beim Pfarramt St. Cyriak in Malsch, zu dem heute Waldprechtsweier gehört, haben Aufschluss darüber gegeben, wer Karolina Schweigert war. Henhöfers einzige Schwester Anna Maria (Annemarie), geboren am 30. 9. 1779, heiratete im Jahr 1802 Peter Obert aus Völkersbach. Am 16. 6. 1813 wurde die Tochter Anastasia Obert geboren, die immer wieder zu Besuch beim Onkel und bei der Großmutter im Pfarrhaus in Graben und in Spöck war, wie aus Henhöfers Tagebuch aus den Jahren 1824–1830 hervorgeht. Im Jahr 1834 verheiratete sie sich mit dem Schmied Jakob Schweigert (1809–1860) in Waldprechtsweier. Diesem Ehepaar wurde im Jahr 1835 die Tochter Maria Anna (Marianne) geboren, die sich 1859 verheiratete. Die jüngste Tochter hieß Karoline, geboren am 31. 7. 1844. Sie war demnach die Enkelin von Henhöfers Schwester.

Aus den Briefen geht hervor, dass Karoline im Pfarrhaus in Spöck lebte und dort in die Schule gegangen war. Als sie im August 1859 und im März 1861 vorübergehend im Elternhaus war, gab es Schwierigkeiten. Beim ersten Brief ging es um den Kommunionsunterricht und die Erstkommunion. Er lautet:

»Lieber Onkel! Waldprechtsweier, den 22. August 1859
Als ich Ihnen gestern schrieb, wusste ich nicht, was mir heute bevorstehe. Heute morgen, als ich in der Küche war, kam mein Vater und sagte, der Herr Pfarrer sei hier. Einige Zeit später kam ein Kind und sagte, nach der Kirche solle ich in die Schule kommen. Ich zog mich geschwind an und ging in das Schulhaus. Die Lehrerin rief dann den Herrn Pfarrer und stellte mich ihm vor. Er begegnete mir sehr freundlich und fragte mich nach Ihrem Befinden. Dann fragte er mich über die Sache und sagte, er habe jetzt schon bereits zwei Jahre gewartet und es sei seine Pflicht, er müsse es jetzt tun, und ich soll mich nicht weigern, sonst müsse er es beim Dekanat anzeigen, und das Dekanat zeige es dann weiter an. Ich stellte ihm nun alles vor, was Sie mir angaben, und noch mehr. Aber er bestand darauf, ich solle seinem Rate folgen, in vierzehn Tagen sei alles vorüber, und dann könne ich wieder hin, wo ich hin wollte, aber bis zu achtzehn Jahren stehe ich unter seiner Gewalt, und das katholische Abendmahl sei dem evangelischen ganz gleich und man könne in der evangelischen Kirche wie in der katholischen selig werden durch Rechttun. Ich widerlegte ihm aber dies und sagte, es könne kein Mensch vor Gott recht tun, weil wir alle Sünder sind, und allein durch Buße und Glauben, vom Heiligen Geist gewirkt, werde man selig. Er sagte dann: ›Ja, die Bauern meinen, wenn sie etwas getan haben, dann haben sie den Himmel und ihre Seligkeit erkauft, die Geistlichen aber haben eine ganz andere Ansicht.‹ Weiter wollte er nicht mehr davon reden. Er fragte mich dann, ob ich drunten in eine katholische Schule gegangen sei, was ich verneinte. Er will mir Unterricht geben lassen vom Lehrer im Katechismus von Hirscher, und etliche Male solle ich zu ihm kommen. Ich sagte ihm dann, ich habe den Hirscher schon durchgemacht und sei mit der katholischen Lehre sehr gut bekannt. Er sagte mir dann, er wolle, sobald er Zeit habe, an Sie schreiben und mir es wieder zu wissen tun. Aber, sagte er, er glaube ganz gewiss, dass Sie auch sagen würden, was er sage, und ging auf das Rathaus.

Ich sitze jetzt in solch einer Klemme, dass ich es nicht lang so aushalten kann. Der Mut will mir oft auch sinken in solch einer ungläubigen Macht, wo mir nichts als Vorwürfe gemacht werden. Mein Möglichstes beim Pfarrer habe ich getan. Weiter kann ich nichts mehr tun, und er will halt gar nicht weichen. Drum möchte ich Sie bitten, wenn Sie möglich könnten, zu kommen und mit mir zum Pfarrer zu gehen. Er sagte auch zu mir, er glaubte, wir würden ihn einmal besuchen, was ihn sehr gefreut hätte.

Ich will nun schließen mit herzlichen Grüßen von den Meinigen, besonders aber grüßt Sie Ihre stets treue

Karolina.

NS. Wenn Sie an den Pfarrer schreiben, so schreiben Sie nicht so scharf, denn er ist sehr schnell, und wenn er einmal böse ist, so trägt er es lang nach. Am besten aber wäre es, wenn Sie selbst kämen.«

Den zweiten Brief schrieb sie, als ihre Mutter sie bedrängte, mit zur Beichte zu gehen:

»Lieber Onkel! Waldprechtsweier, 18. März 1861
Heute war der Tag, wo die Weiber beichten sollen. Nun war auch meine Mutter und meine Marianne entschlossen zu beichten, aber ohne mich wollten sie nicht fort, und ich weigerte mich beständig mitzugehen. Meine Mutter bat mich, um Gottes willen doch mitzugehen, und weinte auch. Sie fürchtet, es möchte Unannehmlichkeiten mit dem Pfarrer und mit den Leuten geben. Sie sagt, wenn mich der Pfarrer in die Kinderlehre verlangt, so kann ich ja nicht mehr in Spöck bleiben. Endlich entschloss ich mich, Ihnen zu schreiben. Ich verlasse mich auf Sie, und ohne Ihre Antwort gebe ich nicht nach. Soviel ich mich erinnere, haben Sie mir öfter gesagt, dass nach dem 16. Jahre niemand mehr etwas machen kann. – Ich glaube, ich sollte nicht gehen und die Sache dem Herrn überlassen, aber ernstlich beten. Wir haben uns schon einmal versündigt und wollen es nicht zum zweiten Male tun, gehe es, wie es wolle. Der Herr sitzt im Regimente und führet alles wohl. Er hat schon vielmal geholfen. Er kann auch diesmal wieder helfen. Lieb wäre es mir, wenn Sie still wären zu dieser Sache und es sich auch nicht ansehen ließen.

Indessen grüßt Sie herzlich Ihre dankbare und für Sie betende
K. Schweigert.

Über meine Zurückkunft gebe ich Ihnen noch nähere Nachricht.«

Vikar Karl Friedrich Ledderhose (1806–1890)

Wie mit Ludwig Hager war Henhöfer mit Karl Friedrich Ledderhose besonders herzlich verbunden. Beide waren drei Jahre seine
Vikare. Während Hager mit 39 Jahren starb, von Henhöfer tief be-
trauert, hat Ledderhose schon zwei Monate nach dem Heimgang
Henhöfers dessen Leben beschrieben und 65 seiner Predigten veröffentlicht unter dem Titel: »Von dem Heilswege«. Als er 1885 »Erinnerungen an Dr. Aloys Henhöfer« in zweiter, verbesserter und
vermehrter Auflage herausgab, schrieb er im Vorwort: »Ich stand
dem lieben Papa gar nahe, da ich ihm drei Jahre als Vikar diente.
Dieses herzliche Verhältnis des Glaubens und der Liebe geht durch
das ganze Büchlein.«

Von seinem Erleben mit Henhöfer berichtet er: »Im Sommer
1833 kam ein junger Pfarrkandidat, der sich anderthalb Jahre als
Hauslehrer in Triest aufgehalten hatte und dort durch eine merk-
würdige Verkettung der Umstände zur lebendigen Erkenntnis der
evangelischen Wahrheit gelangt war, ins Vaterland zurück. Die sieben Glaubenszeugen (Pfarrer Henhöfer in Spöck und seine Freunde) freuten sich des ganz unerwarteten Zuwachses ihrer kleinen
Zahl und noch mehr ich, dieser Pilger aus der Ferne. Ich hörte Henhöfer an einem Sonntag eine Predigt halten, die mir durch Mark und
Bein ging. Hatte mich der Flammengeist des großen Buß- und
Glaubenspredigers Ludwig Hofacker (1798–1828) in seinem damals
in Heften erschienenen Predigtbuch mächtig ergriffen, hier in
Spöck hatte ich eine leibhafte Person dazu.

Am 17. September 1833 schrieb mir Henhöfer nach Mannheim:
›Ich bin gesonnen, je eher, je lieber wieder einen Vikar anzunehmen.
Nicht nur der bevorstehende Winter, sondern mehr noch meine
dermalen sehr wankende und geschwächte Gesundheit nötigt mich
hiezu. Können Sie und haben Sie Lust, diese Stelle anzunehmen, so
kommen Sie, und das lieber morgen als übermorgen. Es tut Not,
dass ich einige Zeit ausruhe und mich erhole.‹ Wer konnte einem so
dringenden Ruf von einem solchen Mann widerstehen? Ich nahm
den Ruf an und ging.«

Es war eine freundliche Fügung Gottes und diente dem eifrigen Vikar sehr zur Erstarkung seines jungen Glaubenslebens, dass er drei
Jahre an der Seite Henhöfers, dieses gewaltigen, originellen Predi-

gers stand, der dem jungen Mann mit vollem Verständnis und herzlicher Liebe entgegenkam. Ledderhose berichtet rückblickend über diese Zeit:

»Es sollen jetzt Züge aus dem Pfarrleben Henhöfers mitgeteilt werden, das ich drei Jahre in der Nähe schauen durfte. Gleich in den ersten Jahren seiner Arbeit an den beiden Gemeinden hatte er die Freude, dass sie nicht ohne Erfolg war. Doch öffnete Staffort früher als Spöck seine Pforten dem einziehenden König der Ehren, und ich durfte auch ein wenig dazu mithelfen. Die Predigten Henhöfers waren textgemäße Auslegungen der Perikopen des Kirchenjahres. Er ging den Text Wort für Wort durch und suchte den Hauptgedanken, der darin lag, auszuführen und verstand es, denselben so deutlich zu machen, dass jedermann, auch ein Kind, ihn verstehen konnte. Er wiederholte einen Gedanken mehrmals, bis er glaubte, dass er deutlich wäre. Dazu gebrauchte er gern Bilder aus dem gewöhnlichen Leben, namentlich aus der Anschauung der Bauersleute. Das Bild vom Acker, von dem Pflügen desselben, von der Saat des Korns, von den Früchten in der Ernte wiederholte sich sehr oft. Es kommt auch in seinen Druckschriften sehr häufig vor. Man kann nicht sagen, dass seine Predigten sehr gedankenreich oder, wie man sich auch ausdrückt, sehr geistreich gewesen wären, aber die praktische Einsicht in den Text, die Volksverständlichkeit und besonders die eingreifenden Ermahnungen am Schluss seiner Zeugnisse suchten ihresgleichen.

Daher waren auch seine Gottesdienste nicht bloß von seinen Gemeinden, sondern auch von vielen Fremden niederen und hohen Standes allsonntäglich jahraus, jahrein besucht, und zwar bis zum Ende seiner Arbeit. Da kam freilich mancher Fremde, der von dem berühmten Prediger gehört hatte, setzte sich in die Kirche und war anfangs nicht zufrieden. Die Altargebete las er schnell und nicht mit besonderem Ausdruck, denn was man das Liturgische nennt, ging ihm ab. Man hielt dies noch für ein Überbleibsel aus der katholischen Kirche. Auch sein Gebet, womit er seine Arbeit auf der Kanzel begann, wurde so leise gesprochen, dass man es kaum verstand, und so leise war auch das Vorlesen des Textes sowie der Anfang der Predigt, worin er den Plan des Textes darlegte. Da meinte denn der Fremdling, welcher zum ersten Mal unter seinen Zuhörern sich einfand, das sei nicht des Ganges wert. ›Warten Sie nur, es kommt noch!‹, hatte der Nachbar jener Frau gesagt, die ebenfalls zum ersten Mal in seiner Kirche sehr ungeduldig und unruhig geworden war und im Begriff stand, wieder aus der Kirche hinauszugehen. ›Es kommt noch!‹ – und es kam jederzeit. Wenn auch die eine Predigt besser war als die andere, so waren doch alle Zeugnisse, die er ablegte, lebendig, kräftig und deutlich. Von ihm darf man wohl sagen, dass er sein Brot nicht umsonst verzehrt hat. Er predigte mit solcher Kraft und solcher Lebendigkeit, dass er jedes Mal nach der Predigt erschöpft nach Hause eilte, um sich umzukleiden. Er schreibt einmal in einem Brief: ›Und müssen andere, so müssen auch wir im Schweiß unseres Angesichtes unser Brot essen.‹

Mit ebensolcher Lebendigkeit und noch eingänglicher hielt er seine Kinderlehren. Im Katechisieren war er ein wahrer Meister. Seine Nachmittagsgottesdienste waren ebenso stark besucht als seine Morgengottesdienste, wenn nicht noch mehr. Was er in der Predigt nicht anbringen konnte, weil sich die Kanzel nicht dazu eignete, das wurde in der Christenlehre verhandelt: besondere Vorkommnisse in der Gemeinde. Und doch war er auch auf der Kanzel sehr frei und konnte sich erlauben, was anderwärts zu Klagen gesammelt worden wäre. Denn man liebte ihn, und da lässt man sich alles sagen. Er brachte auch alles so vor, dass man ihm den lieben, väterlichen Sinn der Zucht und Erziehung abspürte.

Dieselbe sinnreiche Geschicklichkeit, welche er in der Kinderlehre entwickelte, zeigte er auch im Konfirmandenunterricht sowie in der Schule. Alle Gegenstände der Volksschule behandelte er auf eine selbständige Weise, wie man sie nirgends traktierte. Es wäre gewiss interessant, ihn als Schulmeister darzustellen. In die Schule brachte er Leben und Tätigkeit. Sogar der Schreibunterricht gestaltete sich unter seinen Händen lebendig. Er schrieb bekanntlich selber sehr schön bis ins Greisenalter. Die Kinder liebten ihn sehr, und es war in der Schule große Freude, wenn Vater Henhöfer erschien. Denn er wusste immer etwas Besonderes, und selbst die Nachtschüler, die oft so hagebuchen sind, freuten sich seines Besuches ihrer Schule. (Visitationsakten Nöttingen 1820: »Die der Schule entlassenen Söhne müssen die Nachtschule drei Winter nach ihrer Konfirmation unausgesetzt besuchen.« Fächer: Briefschreiben, Rechnen an der Tafel, Kopfrechnen, Schönschreiben.)

An Geschichten, Beispielen und verständlichen Gedanken war er reich. Auch bereitete er den Schulkindern manchmal die Freude, mit ihnen einen Ausflug zu machen, etwa auf den eine Stunde entfernten Michelsberg, von wo aus man eine so herrliche Aussicht in die fernen Vogesen, in das Hardtgebirge der Rheinpfalz und die fruchtbare Rheinebene genießt. Seine Liebe gegen die Kinderwelt, seine Heiterkeit und Ungezwungenheit, die bis zum unschuldigen Scherz ging, tat den Kindern wohl.

Wie gründlich nahm er es mit der Predigtvorbereitung! Wie suchte er da in den Text einzudringen! Am Montag sprach er noch viel von seiner Behandlung des Textes vom vorigen Tage. Denn auf der Kanzel war ihm manches klarer geworden, und in der Kinderlehre, in der er immer den Text noch einmal mit den Kindern durchging, wurde ihm und der Gemeinde derselbe ganz anschaulich. Es war das erste Gespräch am Montag, aber schon am Dienstag wurde von der Perikope des kommenden Sonntags gehandelt. Oft erwachte er sehr früh, noch ehe der Tag graute, und da beschäftigte er sich schon mit der bevorstehenden Aufgabe. Hatte er besonderes Licht empfangen, so äußerte er sich schon beim Frühstück: ›Ich glaube, ich habe ihn!‹ – nämlich den Text. Da war es einem, wie wenn er einen kostbaren Fund getan hatte. Und er ließ sich dann von seiner Auffassung nicht leicht abbringen.

Jede Woche war Textbesprechung, entweder in Spöck oder Friedrichstal oder Graben. Die Texte wurden gründlich und eingehend behandelt. Das Arbeiten, welches ein wesentliches Stück des Predigers sein soll, wurde redlich getrieben. Man lief nicht auf die Kanzel, um, wie so viele tun, die Predigt aus dem Ärmel zu schütteln. Die ganze Woche hindurch, sooft ich mit Henhöfer einen Ausgang machte, etwa in das Filial Staffort, kam er immer wieder auf den Text zurück. ›Ich meine, das könnte man so fassen‹, sagte er. Mit viel Gebet im stillen Kämmerlein hat er seine Arbeit am Text begleitet. Man spürte es ihm oft greifbar ab.

Die Anfechtung hat dem lieben Mann auch nicht gefehlt, die den Predigten einen so gesegneten und geheiligten Hintergrund verleiht. Kam alsdann der Sonntag oder das Fest, das man feierte, so hatten seine Gemeinden auch etwas, und es mag nicht leicht eine Predigt von ihm gehalten worden sein, die nicht eingegriffen hätte. Daher denn auch die gründliche Erkenntnis seiner Gemeinden, denen man kein X für ein U machen konnte. Es ist kein Wunder, denn deutlicher hat wohl kaum ein Prediger gepredigt als Henhöfer.«

Im Herbst 1836 erhielt Karl Friedrich Ledderhose die Aufforderung, nach St. Georgen im Schwarzwald als Pfarrverweser zu gehen. Er berichtet darüber: »Bei dem herannahenden Winter und den vermehrten Geschäften gerade in dieser Jahreszeit und einer immer andauernden Schwächlichkeit Henhöfers machte ihm meine Entfernung schwere Sorgen. Wir hatten uns in Liebe aneinander gewöhnt. Der Abschied erfolgte schnell, denn es war Not in dem großen Kirchspiel St. Georgen. Es war für alle Seiten ein tränenreicher. Als ich auf der Abreise schon in Karlsruhe war, erhielt ich von Henhöfer am 8. November einen Brief, worin er schreibt: ›Mein Herz ist von innerem Schmerz so ergriffen, dass ich nicht essen mag und dass meine ganze Gesundheit sehr leidet. Ich sage Ihnen mit betrübtem Herzen und tränenden Augen ein herzliches Lebewohl. Der Herr, in dessen Dienst Sie stehen, sei Ihr Geleitsmann, Ihre Stärke auf dem neu angewiesenen Arbeitsfeld und jederzeit Ihr großer Trost! Mehr kann ich für jetzt nicht sagen, es fällt mir schwer zu schreiben.‹ Schon den andern Tag schrieb er: ›Mein Herz wünscht, Sie noch zu sehen, und doch ist mir vor dem Abschied bange. Allein könnte ich schon gar nicht kommen wegen dem Heimweg, der mir allein zu betrübt wäre. Sehe ich Sie nicht mehr, so wünsche ich Ihnen nochmals von Herzen alles Gute. Gottes Friede sei mit Ihnen und bewahre Ihr Herz und Ihren Sinn in Christus Jesus!‹

Unter seinen und vieler Freunde Segenswünschen zog ich auf den rauhen Schwarzwald und darf dem Herrn gewiss noch in der Ewigkeit dafür danken, dass er mich dorthin geführt hat, seine Kirche bauen zu helfen.«

Pfarrverweser Hottinger, der in St. Georgen war, kam als Vikar zu Henhöfer. Er hat es nicht bereut, dass die Wege Gottes ihn nach Spöck wiesen. Später wirkte er im Segen in Singen bei Wilferdingen.

Ledderhose berichtet weiter: »Es gereicht mir noch immer der mehrmalige Besuch des teuren Mannes in meinem Schwarzwälder Weinberge zu einer freundlichen Erinnerung. Schon am 10. Dezember 1836 schrieb er mir nach St. Georgen am Schluss des Briefes: ›Und nun leben Sie wohl. Es wird hier viel an Sie gedacht, für Sie gebetet. Ich denke nicht, dass ein Vivat der Welt mehr bei Ihnen ausrichten wird, als zweimal sich vor dem Herrn zu beugen und um Vergebung und Stärke anzuhalten. Wäre Ostern vorüber, so wäre ich schon zu Ihnen gekommen. Bis dorthin kann ich es vielleicht besser. Ich denke, diese heilige Adventszeit soll nicht ohne Segen abgehen. Mehr als alles Drängen und Treiben wirkt das Gebet im stillen Kämmerlein, und dazu haben Sie Gelegenheit.‹

Ich kann nicht umhin, noch aus einem anderen Briefe vom 6. Januar 1837 wenigstens den Anfang mitzuteilen: ›Ein recht glückliches neues Jahr wünscht Ihnen hier alles. Der Herr segne Sie und Ihre Gemeinde in diesem neuen Jahr mit viel geistlichem Segen und erhalte Sie immer gesund und munter im Weinberge des Herrn, mit stets neuem Eifer zu wirken. Wir haben diese Feiertage viel an Sie gedacht. Sie sind an solchen Tagen immer noch unter uns. Mich hat besonders der Segen gefreut vom dritten Sonntag des Advents. Der Herr gebe Ihnen viele solche Aufmunterungen! Teilen Sie es nur auch fleißig mit, damit auch wir uns freuen und den Herrn für Seine Gnade preisen können.‹

Henhöfer kam dann im Sommer 1837 nach St. Georgen, meistenteils zu Fuß, denn die Fußreisen liebte er. Er konnte mehr hören, mehr beobachten, als dies in einem Eilwagen der Fall war. Was in der kurzen Zeit geschehen war, freute ihn sehr. Sein Besuch machte bei den Familien, bei denen ich ihn einführte, gute Eindrücke. Er war drei Wochen unterwegs, da und dort, und freute sich, wie er mir schrieb, seine Frau durch Gottes Gnade gestärkt und wohl zu finden, nachdem sie unwohl gewesen war.«

Im Jahr 1851 übernahm Ledderhose die Pfarrei Brombach bei Lörrach. Von dort aus kam er nach Neckarau bei Mannheim, wo er neunundzwanzig Jahre im Segen wirkte und manche Freude erlebte. Von 1859–1862 war er gleichzeitig Dekan.

In Neckarau verlor er seine Tochter Lydia, deren Pate Henhöfer war. Lassen wir ihn wieder selber berichten: »Sein Patenkind Lydia lag ihm sehr am Herzen. Er schickte ihr zum Andenken einen silbernen Löffel mit dem herzlichen Wunsche, dass sie ihn lange und gesund gebrauche, aber auch gespeist werde mit einer Speise, die nicht vergänglich ist, sondern die da bleibt ins ewige Leben. Er vergaß sie nicht und trug sie stets auf seinem betenden Herzen. Als sie mit achtzehn Jahren in der schönsten Blüte ihres Lebens im Februar 1860 vom Herrn heimgerufen wurde und die Eltern tief betrübt waren, schrieb er gar trostreich nach Neckarau: ›Was soll ich sagen? Soll ich die Lydia bedauern? Das kann ich nicht. Sie ist einer Welt entnommen, wo jetzt schon nichts als Verwirrung ist und wo noch viel Übleres in Aussicht steht. Sie ist einer Welt entnommen, wo die Verführung groß ist und für die, welche sich nicht verführen lassen, die Verfolgung vor der Türe steht, ja wo es mit Riesenschritten dem Unglauben und dem antichristlichen Reiche und all den Leiden und Drangsalen desselben zugeht. Diesem allem ist die Lydia entnommen und heimgekommen zu ihrem Frieden und ihrer Ruhe. Gönnen wir sie ihr! Das Elternherz blutet freilich stark und schwer. Es ist ein Riss am Herzen und vom Herzen weg geschehen; das tut wehe, schmerzlich wehe. Nun: ›Die Liebe darf auch weinen, wenn sie ihr Fleisch begräbt; kein Christ muss fühllos scheinen, weil er im Fleische lebt. Doch lässet gleich der Glaube sein Aug gen Himmel gehn; was uns der Tod hier raube, soll herrlich auferstehn.‹ Ich bin gewiss, es kommt auch noch die Zeit, wenn der erste Schmerz vorüber ist, dass Sie sprechen werden: ›Der Herr hat alles wohlgemacht, gebt unserm Gott die Ehre!‹ Wie gut ist's, die Seinen daheim zu wissen! Wie gut ist's, selbst erlöst und daheim zu sein! Seelen, die im Herrn sterben, sind ja nicht verloren, sondern nur aufgehoben zum seligen Wiedersehen. Aber auch aus ihrem Tod fließt uns ein Segen zu. Das Herz wird himmelwärts, der Heimat und den Lieben zu gerichtet.‹ – So konnte der liebe Papa Henhöfer trösten und ermahnen.«

Häusliches Leben in Spöck

Darüber hat Henhöfers ehemaliger Vikar Emil Frommel sehr anschaulich berichtet.

»Wie vielen ist dies ›Spöckemer‹ Pfarrhaus bekannt! Am besten freilich den Spöckern und Staffortern selbst; aber andere Leute, weit in der Welt zerstreut, sind auch drin gewesen und haben's nicht vergessen. Dort steht's auf dem freien Platz mit den Bäumen, das schlicht geweißelte Haus, könnte auch ein Bauernhaus sein, denn 's ist kein neumodisch Pfarrhaus, das zu den übrigen Häusern wie eine Faust aufs Auge passt. 's ist nicht gut, wenn der Pfarrer und der Herr Schullehrer in einem Palast wohnen, dass man sich geniert, zu ihnen zu kommen.

Zum Hoftor mit der Schelle dran geht's hinein bis zur überdeckten Haustreppe mit dem traulichen Gang. Über dem Ziehbrunnen im Hof breitet ein gewaltiger Nussbaum sich aus, der mit den Zweigen bis aufs Hausdach reicht und gar traulich die Fenster mit grünen Läden versieht. Dem Nussbaum aber war ein runder Tisch angemessen und Bänke darum, zu denen man durch eine Treppe hinaufstieg. Da saß man mitten unters Nussbaums Zweigen sechs Fuß von der Erde weg und hielt Pfarr-Konferenz, und oben hielten die Vögel im Grünen auch Konferenz und disputierten und sangen nach ihrer Weise. Denn ein Leid durfte weder ihnen noch sonst einem Tierlein im Hause geschehen. Das war Hausrecht im Pfarrhause. Hinten der Hof mit dem berühmten Hühnerstall und den Perlhühnern, die sämtlich ihre Namen hatten wie auch die gewöhnlichen Hühner. Denn die Perlhühner waren nur der Adel unter dem andern Hühnervolk. Dort unter dem Schuppen das Pfarr-Kompetenzholz, an das des Nachmittags ein seltener Holzmacher mit dem Sägbock geht: der Pfarrer selbst, der sich Bewegung machen will, denn sonst sägt's einer, der seine Kindtauf oder Hochzeit nicht bezahlen kann, und wird ihm so leichter. Hinten der Garten mit dem Rebgang und dem großen Wiesenplatz, wo die ehrsame Ziege grast, die des Abends, wenn der Pfarrer vor der Haustüre sitzt, sich herumtummelt und an die Kleewagen der heimkehrenden Bauern sich macht und ungestraft fressen darf.

Alles atmete in Hof und Garten eine reine, unschuldige Freude an der Natur und stimmte zu dem Pfarrherrn, der selbst ein Naturkind war wie wenige. Aus dem lebendigen Umgang mit der Natur stammten seine Gleichnisse. Wie kindlich konnte er im Sommer nachmittags mit der Ziege spielen, die er an den Hörnern fassend an die Scheuer trieb, die dann wieder beherzt mit vorgelegten Hörnern auf ihn zusprang. So hatte des Nachbars Katze, ›der rote Kerl‹, die sich zur bestimmten Stunde vor dem Fenster einfand, ihr Gastrecht; das Überbleibsel des Frühstücks stand schon unten am Ofen parat. Ging er durchs Dorf hinaus zum Filial – in seiner großen Rocktasche fehlten die Maiskörner nicht, die er den Hühnern zuwarf, die ihn dann auch dankbar bis vors Ort hinaus begleiteten. Aber seine Lieblinge waren im Hause die kleinen Hunde. Wer erinnert sich ihrer nicht? Sie durften mit ihm essen vom Teller, in seinem Bette liegen, durften auch mit aufs Filial, zur Konferenz in der Seitentasche drin, und schauten oft vergnüglich aus der Mütze oder bellten, wenn einer ihrem Pfarrer beim Kuss und Händedruck zu nahe kam. Ich konnte mir lange nicht den lieben Pfarrer ohne seine Hündchen denken. Zuletzt wurden sie alt und blind und hatten das Gnadenbrot, bis sie zum großen Leidwesen des Hauses ihrem Schicksal anheim fielen.

Im Hause ging's einfach zu; eine eigentliche Studierstube gab's nicht; seine große Studierstube war der Gang aufs Filial oder der Garten, oft auch der kleine Anbau in den Hof hinaus, zu dem man merkwürdigerweise durchs Fenster hinaustieg. Wie viele fröhliche Nachmittage wurden dort draußen verbracht, wo man gedeckt vor Regen oder Sonne im Hofe saß! Dort entstanden auch manche Schriften in der Stille. Denn still ging's her im Pfarrhaus. Des Morgens früh um 6 Uhr wurde im Sommer gefrühstückt, was manchem Herrn Vikar, der sich auf der Universität auch aufs Schlafen verlegt hatte, zuerst nicht leicht ankam. Denn beim Frühstück musste alles sein und bei der Andacht. Der Vikar hatte seine zinnerne Kaffeeschüssel, aus der er trank und in die er die dampfenden Wecken des Dorfbäckers tunkte. Zum Andenken wurde ihm beim Abschied die Schüssel überreicht.

Für Gäste war immer ein offenes Haus in der oberen Stube; welch ein langer Tisch war manchmal am Sonntag für die Fremden gedeckt! Da wurde niemand abgewiesen. Sonntagnachmittags kamen oft die Mädchen aus den Gemeinden und sangen ihm geistliche Lieder, die er sie gelehrt hatte. Obwohl er selbst nicht besonders musikalisch war, liebte er doch den Gesang sehr. Wer zu ihm aus der Gemeinde kam, wurde freundlich empfangen, wiewohl er oft nicht sonderlich gesprächig war und in Pausen oft sagte: ›So ist es.‹

Für sich selbst lebte Henhöfer sehr mäßig; bekannt ist seine Vorliebe fürs Wasser, mit dem er alles in und außer dem Hause kurierte. War er unwohl, und er litt viel an Magen und Unterleib, so wurde gefastet und acht bis zehn Schoppen Wasser getrunken. Überhaupt meinte er, es sei gut, viel davon zu trinken; der Magen sei wie ein Topf, der müsse, wenn man was Gutes hineintun wolle und es einem schmecken solle, sauber gespült sein, sonst verderbe alles darin; so müsse man auch den Magen wacker mit Wasser ausschwenken, dann könne es erst schmecken.

So schlicht und einfach wie beim Essen, das meist sehr schnell vor sich ging, war er auch an sich. Ich sehe ihn noch immer in dem großen stehenden Hemdkragen und dem schwarzen Halstuch, dem langen Rock mit den beiden großen Seitentaschen, nicht nach der neusten Mode und auch nicht immer aufs Vorteilhafteste gemacht, den schweren, groben Schuhen und der Mütze, bisweilen auch im altmodischen Hut und dem großen Regenschirm unter dem Arm, gesenkten und sinnenden Haupts in die Residenz kommen und gegen Nachmittag schon wieder voll Heimweh nach Hause eilend. Wer ihn anschaute, vermutete kaum einen Pfarrer hinter ihm; nur wenn aus dem Gesicht voller Falten und Runzeln das Auge voll und leuchtend herausblickte, konnte man innewerden, dass man etwas mehr als einen Bauern vor sich habe.

Er blieb immer der bescheidene, anspruchslose Mann. Einst kam er in einer Stadt ins Pfarrhaus zu einem treuen und bewährten Zeugen. Da gerade Leute da waren, bot man ihm im Flur einen Stuhl an. Die Tochter meldete ihn drin beim Vater: ›'s ist noch ein Bauer da, der auf dich wartet.‹ Wie war sie aber verwundert, als der Vater den vermeintlichen Bauern küsste und ihn ›lieber Amtsbruder‹ nannte! Henhöfer war aber die Zeit über ganz still auf seinem Stuhl sitzen geblieben.

Er konnte im Hause sehr heiter sein und herzlich lachen über einen guten Einfall. Von finsterem, traurigem Geist war nichts bei ihm, wiewohl die schweren Stunden nicht fehlten. Wer bei ihm war, nahm den Eindruck mit: Er war bei einem Kind, bei einem Kind Gottes.«

Henhöfers Vikare

Henhöfers Vikare gehörten zur Familie und wohnten im Pfarrhaus. Karl Friedrich Ledderhose schreibt im Lebensbild Henhöfers: »Es hat einmal jemand gesagt, das Vikariat bei Henhöfer sei das beste Seminar im Badischen. Hier lernten viele erst ihren Beruf verstehen, legten das lateinische Predigen ab, das sie auf der Universität gelernt hatten, und mussten gut und verständlich deutsch und gut biblisch predigen. An Henhöfer hatten sie ein treffliches Exempel, wie man's machen muss, um im Segen zu wirken. Er drang sich den jungen Leuten, die noch von der sogenannten Professoren-Weisheit angefüllt und oft auch aufgebläht waren, nicht auf und setzte ihnen nicht zu sehr zu, denn er hatte Geduld. Deshalb konnte er zuwarten und überließ seiner überzeugenden Predigt, der sie zuhören mussten, sowie dem Heiligen Geist die Hauptsache.

Im Umgang war er mild und liebenswürdig. Wenn, wie es auch vorkam, namentlich als in der Kirchenbehörde ein besserer Geist einkehrte, ein Vikar auf Korrektur zu Henhöfer kam, so war es ihm ein wahres Kreuz, das Zuchtamt üben zu müssen. Es kam nicht oft vor, dass er seinen gewöhnlichen Ausdruck gebrauchte: ›Heute habe ich ihn von oben herunterlaufen lassen.‹ Es gab auch solche, die ihm in Zeit und Ewigkeit danken werden, dass sie durch diese milden, väterlichen Spießruten laufen mussten. Noch stehen manche dieser ehemaligen Vikare Henhöfers als treue Arbeiter im Weinberge des Herrn, und wenn der Abend kommen wird, an dem sie heimgerufen werden, um ihren Groschen zu empfangen, werden sie mit Freuden auch auf den Vater Henhöfer als den Freund, der ihren Seelen so wohl getan, hinweisen. Er stand zu seinen Vikaren nicht als ein Gebieter, sondern als ein teilnehmender Freund und Vater. Auch wenn sie aus seinem Hause ausgetreten waren, hielt er die Verbindung durch Briefe und sonstige Begegnungen aufrecht. Er suchte sie manchmal im Sommer auf, auch wenn sie in entferntere Teile des badischen Landes gekommen waren.«

Auch Emil Frommel hat sehr lebendig über Henhöfer und seine Vikare berichtet:

»Das Beste hat Henhöfer wohl an seinen Vikaren getan. In den 35 Jahren in Spöck hatte er immer einen. Aber was für verschiedene Leute! Wenn er darauf zu sprechen kam, war er unerschöpflich. Meist bekam er sie frisch und grün von der Universität weg und hatte seine liebe Not mit ihnen, denn jeder hatte mehr oder minder etwas an sich, was ihm abgewöhnt werden musste.

Henhöfer wirkte auf seine Vikare am meisten durchs Vormachen und Vorleben. Doch einmal fragte er mich: ›Was wollen Sie am nächsten Sonntag predigen?‹ Als ich ihm meine Gedanken vorgetragen hatte, antwortete er: ›Das ist nix!‹ Es war das Evangelium von den Sperlingen Matthäus 6. Da sagte er mir: ›Gehen Sie hinauf auf Ihre Stube und gucken Sie zwei Stunden zum Fenster hinaus!‹ Ich ging und merkte bald, warum. Ja, da saß die ganze Spatzenzunft auf dem Nussbaum, und ich konnte gründlich studieren, was das für armselige Gesellen waren, die nichts wussten noch verstanden, und unser himmlischer Vater nährt sie doch. Ich brachte eine andere Predigt mit herunter.

Henhöfer fragte mich: ›Sind sie jetzt gescheiter?‹ ›Jawohl.‹ ›Ja‹, antwortete er, ›es heißt nicht umsonst: *Sehet sie an* – und nicht: lest über sie, was im Buch steht – *ansehen!* Sie haben noch keinen rechten Spatzen gesehen.‹

Welche Geduld hatte er mit seinen Vikaren! Unter ihnen gab es eingebildete Kranke, denen alle Tage etwas anderes fehlte. Andere waren sentimental und hielten sich für zu gut für die Bauern. Wer lernen wollte, konnte bei ihm viel lernen. Wenn aber einer nicht lernen wollte, so sorgte er, dass er wieder weiterkam. Die aber bei ihm aushielten, haben fürs Leben etwas empfangen. Denen machte es auch nichts, dass unter den jungen Geistlichen Spöck das ›geistliche Zuchthaus‹ genannt wurde. Ich für meinen Teil würde gleich hineinsitzen.

Welch ein Schade ist doch, dass unsere jungen Geistlichen direkt von den Schulbänken weg ins Amt treten. Manche von ihnen wissen nicht, wie man ein Kind tauft oder ein Paar traut oder einen Toten beerdigt oder haben noch keinen Bauern von nahem gesehen! Wo sollen sie's auch her haben!

Da tröstet einer in der Leichenrede, wo gar nichts zu trösten ist. So erzählte mir Henhöfer von einem seiner Vikare, der eine alte Base, die im Altenteil junger Bauern wohnte, zu Grabe geleitete. In der Predigt rief der junge Vikar unaufhörlich: ›Stillet eure Tränen!‹ (Er sprach das ›st‹ noch dazu ganz fein aus). Aber es weinte kein Mensch, und zuletzt, als es immer wieder kam, lachten sie. Alle gönnten der Base die Ruhe und sich die Erbschaft. ›Trösten Sie nie da‹, sagte Henhöfer, ›wo kein Trost notwendig ist!‹

Besonders wertvoll war es für seine Vikare, wenn sie bei seinem Konfirmandenunterricht zuhörten. Da war Henhöfer voll Leben. Alles gestaltete sich ihm unmittelbar, und neue, lebensvolle Bilder und Gleichnisse strömten ihm unter den Kindern zu. Mancher Vikar hat dort den Konfirmandenunterricht für seine eigene Seele noch einmal durchgemacht. Henhöfer hatte es sehr gern, wenn der Vikar mitging und auch noch etwas lernen wollte.

Für jede Frage war er zugänglich und bereit, sie zu beantworten. Er hatte ein tiefes Bedürfnis, sich auszutauschen. Wenn in schlaflosen Nächten oder früh am Morgen ein Gedanke über ein Schriftwort ihm kam, dann teilte er es dem Vikar mit. Er redete nicht viel von Liebe, aber seine ganze Art des Umgangs hatte etwas Väterliches und Mildes. Das gewann auch die Herzen, ohne dass er absichtlich bekehren wollte. Er wusste, dass man das nicht kann. Und doch sind viele Vikare bei ihm bekehrt worden. Die anderen hielten es nicht aus und zogen weiter. Hatte die Gemeinde den Vikar gern, so war's niemand lieber als Henhöfer selbst. Von Neid und Missgunst war seine Seele frei.«

Der Evangelische Oberkirchenrat äußerte sich am 1. April 1850 sehr anerkennend über den Einfluss Henhöfers auf seine Vikare: »Herr Pfarrer Henhöfer von Spöck erhielt schon öfters und namentlich in letzter Zeit wiederholt schwach begabte und nicht ganz unbescholtene Vikare in der Absicht von uns zugewiesen, sie zu brauchbaren und würdigen Dienern unserer Kirche heranzubilden. In den meisten Fällen ist ihm dies zum Besten unsrer Landeskirche gelungen.«

Pfarrer Johann Jakob Rutz (1800–1851) in Linkenheim

Auch Johann Jakob Rutz gehörte zu den Pfarrern der Umgebung, die gegen Henhöfer eingestellt waren. Im Jahr 1832 kam er nach Linkenheim mit großen Vorurteilen gegen die Pietisten, von denen es in seiner neuen Gemeinde viele gab. Bald geriet er in Streit mit ihnen, weil sie nicht immer zu ihm in den Gottesdienst gingen, sondern oft nach Spöck und Staffort.

Er war anfangs einer der erbittertsten Gegner Henhöfers. Von ihm stammten mehrere gehässige Artikel in der Allgemeinen Kirchenzeitung und viele persönliche Beleidigungen und Anklagen. Er hatte unter anderem die abgeschmackte Anzeige bei der Kirchenbehörde gemacht, Henhöfer habe in einer Predigt von Teufeln mit schwarzen und weißen Schwänzen gesprochen. Weil sich die Sache als grundlos erwies, wurde er mit seiner Klage abgewiesen.

Henhöfer und seine Freunde Käß und Dietz antworteten ihm in aller Liebe und wiesen ihm seine auf falschen Nachrichten und Verdrehungen beruhenden unrichtigen Aussagen über sie nach, sodass Rutz zuletzt nichts mehr antworten konnte. Einen tiefen Eindruck auf ihn machte es, als diese von ihm so hart angegriffenen Geistlichen ihm auch sonst überall mit der größten Liebe begegneten. Er fühlte sich von ihnen angezogen, und doch wollte er nicht zu ihnen übertreten. Der alte Mensch widerstrebte noch. Mit der Zeit wurde sein Herz weich. Wo er Liebe gegen sich fand, da musste er wieder lieben. Besonders hat ihm ein freundlicher Händedruck Henhöfers in die Seele gebrannt. Es ist auch viel für ihn gebetet worden.

Damals fing er an, mit allem Ernst die Bibel zu lesen. Er erkannte sich als einen Sünder, der einen Heiland braucht. Im Jahr 1835 wurde ihm die Pfarrstelle in Mauer übertragen. Von dort aus kam er viel zu Pfarrer Le Beau in Waldwimmersbach, der vorher in Rußheim gewesen war und in Verbindung mit Henhöfer stand. Oft saßen sie bis tief in die Nacht hinein über der Bibel. Jetzt tat es ihm leid, dass er die Pietisten so scharf angegriffen hatte. Er schrieb im Januar 1840 an Henhöfer:

»Hochzuverehrender Herr Amtsbruder!
Es war zwar meine ausgesprochene Absicht, Sie heute zu besuchen; ein Unwohlsein meiner Frau hinderte jedoch die Ausführung. Ermutigt jedoch durch die liebevolle Antwort des Herrn Pfarrer Käß, kann ich es nicht länger anstehen lassen, mir für die Beleidigungen, die ich Ihnen und in Ihrer Person so manchen Christen zugefügt habe, Ihre Verzeihung zu erbitten. Dankbar rühmend werde ich zugleich nie die christliche Großmut vergessen, mit der Sie mich nach dem Streit behandelten, und gerne gestehe ich – als Beweis der Wirksamkeit der Liebe –, dass das Anerbieten Ihrer Hand zur Versöhnung mitten im Streit mich damals schon vollständig entwaffnet hatte.
Ich habe seitdem die damals von mir so verkannte und leidenschaftlich angegriffene Sache als Gottes Sache kennen gelernt und wünschte von Herzen, meine Freunde möchten sich alle davon überzeugen, dass diese Sache sich zwar von Menschlichkeiten nicht ganz frei erhalten konnte, in sich aber auf dem wahren Grunde ruhe, außer und neben dem kein anderer gelegt werden kann.
In der Hoffnung, in nicht sehr langer Zeit doch noch zu einem Besuche bei Ihnen zu kommen, empfiehlt sich Ihrem amtsbrüderlichen Gebete

Ihr Rutz
Mauer, den 29. Januar 1840.«

Als damals in Neckargemünd der badische Verein für äußere Mission gegründet wurde, traf Rutz dort manche, die er vorher bekämpft hatte, und versöhnte sich mit ihnen. Sie vergaben ihm gern und freuten sich über seine neue Einstellung.

In seiner Gemeinde fand er viel Widerspruch gegen das Evangelium. Umso mehr freute er sich, wenn bei Einzelnen neues Leben aus Gott erwachte.

Im Gemeinschaftsblatt »Das Reich Gottes« ist mancher Beitrag von ihm erschienen, als besonders wertvoller seine Rede »Für Israel« beim Missionsfest 1850 in Epfenbach. Damals sagte er: »Wir müssen Israel lieben. Wir müssen ein Herz für Israel haben.« Nach seinem Heimgang im Oktober 1851 erschien im »Reich Gottes« sein Lebenslauf.

Bürgermeister Jakob Friedrich Zwecker (1795–1871) in Linkenheim

Als Henhöfer im Jahr 1823 Pfarrer in Graben wurde, machten sich auch Linkenheimer auf, um ihn zu hören. Zuerst spottete Zwecker über sie. Doch wollte er sich selbst überzeugen, was an der Sache wäre. So ging er hin und hörte und wurde überzeugt, dass hier die Wahrheit verkündigt wurde.

Als Henhöfer 1827 Pfarrer in Spöck geworden war, machte sich Zwecker an einem Sonntag bei Schnee auf den Weg nach Spöck. Er glaubte schon, allein wandern zu müssen. Da begegnete ihm im Wald sein Bruder, der aus Hochstetten kam und ihn begleitete. Das stärkte ihn sehr. Er sah es als eine Wohltat und Hilfe Gottes an.

Zweckers Erweckung und Bekehrung war eine gründliche und sein Bekenntnis ein so frisches und offenes, dass jedermann seine Sinnesänderung wahrnehmen konnte. Nun ging es aber über ihn los mit Spott und Hohn von allen Seiten. Kinder und Erwachsene wetteiferten in diesem Stück, und der gute Zwecker traute sich kaum mehr, auf die Dorfgasse zu gehen, und schlich sich oft hinter den Gärten des Ortes durch, um von hier aufs Feld zu kommen.

In dieser Zeit wurzelte Zweckers Glaube immer tiefer in Jesus hinein. Es wurde ihm ein Bedürfnis, das gefundene Heil auch andern mitzuteilen. So fing er an, mit solcher Kraft Versammlungen zu halten, dass manche durch ihn vom Tod zum Leben hindurchdrangen. Bald sprach man von diesem wackeren Zeugen weit in der Umgegend. Oft wurde er veranlasst, da und dort Stunde zu halten. Er hatte einen großen Eifer und auch die Gabe, hin und her auf der Hardt in Gemeinden, wo sich heilsbegierige Seelen fanden, diese in Gemeinschaften zu sammeln, damit sie sich gegenseitig zum Halt wurden und einander förderten. Manches Menschenkind verdankte ihm nächst Gott den Antrieb zur Bekehrung. Eine Hauptgabe Zweckers war, mit allerlei Gleichnissen und Vorgängen im natürlichen Leben das geistliche Leben zum besseren Verständnis zu bringen. Er war in diesem Stück Henhöfers Schüler wie wenige.

Als im Jahr 1830 der Katechismusstreit begann, stellte sich Zwecker zu Henhöfer und seinen Mitstreitern. In Henhöfers Tagebuch steht am 16. November 1830:»Der Stundenhalter von Liedolsheim und Zwecker von Linkenheim wegen Katechismus« (sie waren deswegen zu ihm nach Spöck gekommen).

Seinem Ortspfarrer Rutz gefiel es gar nicht, dass so viele zu Henhöfer nach Spöck in den Gottesdienst gingen. Er ließ sie vorladen und sprach in Gegenwart des Kirchenvorstandes mit ihnen. Der Bürgermeister sagte:»Ich möchte doch wissen, was ihr mit eurem Laufen wollt. Sagt mir's doch!« Zwecker antwortete:»Jedes Tierlein geht seiner Nahrung nach, und wir auch.«

Die Linkenheimer Stundenleute beteten für ihren Pfarrer. Zwecker erlebte die Freude, dass ihm Rutz von Mauer aus von seinem Sinneswandel berichtete. In seinem Brief vom 5. Dezember 1840 heißt es:

»Mein lieber Zwecker, Freund und Bruder in unserm gemeinschaftlichen Herrn!

Jedenfalls freut und beschämt es mich, dass Christen, denen ich früher in meiner Verblendung Böses erwiesen, dies mit Gutem vergelten und sich meines gegenwärtigen Zustands herzlich freuen. Freund Zwecker und alle andern, die von mir zu leiden hatten, wollen mir das getane Unrecht brüderlich verzeihen. Ich danke meinem Gott für die große Gnade, die mir widerfahren ist. Ich weiß dies täglich mehr zu schätzen, und wenn ich einmal sterbe, so habe ich mir den Leichentext gewählt: ›Mir ist Barmherzigkeit widerfahren.‹

Ich hatte immer gemeint, ich hätte einen Gott, und hatte keinen. Ich predigte von einem Heiland, aber ich hatte keinen, oder vielmehr: vor dem selbstgemachten Heiland sah ich den rechten nicht.

Es würde mich freuen, wenn Freund Zwecker mich einmal hier besuchte. Und so sei denn Gottes Gnade mit Euch in Linkenheim. Der Herr gebe uns einen gesegneten Winter! Amen.

Mit herzlicher Gesinnung
Sein in Christus verbundener Freund Rutz.«

Es ist begreiflich, dass ein Mann von solcher Begabung wie Zwecker

nach und nach zu öffentlichem Ansehen gelangen musste. Immer mehr wurde er von Gläubigen und Ungläubigen zu Rat
gezogen, namentlich häufig an die Kranken- und Sterbebetten gerufen. Sein Ansehen wuchs von Jahr zu Jahr, sodass die Gemeinde
endlich keinen Besseren als Bürgermeister zu wählen wusste als ihn.
Er hatte allerdings dabei seine Bedenken und holte zu diesem
Zweck den Rat von Pfarrer Henhöfer ein, der ihm zuriet. Sein ei-
gener Pfarrer sagte freilich in der nächsten Sonntagspredigt – es war
ein hoher Festtag – von der Kanzel herab: »Ihr habt einen neuen
Bürgermeister gewählt. Der ist zuerst zum Pfarrer Henhöfer nach
Spöck gelaufen und hat den gefragt, ob er die Wahl annehmen dür-
fe. Wäre er zu mir gekommen, hätte ich ihm gesagt: ›Nein, einen
Pietisten kann man nicht als Bürgermeister brauchen.‹« Nun war
Zwecker Bürgermeister und wäre es bis zu seinem Lebensende ge-
blieben, hätte er nicht aus Rücksicht auf sein Alter freiwillig das
Amt niedergelegt.

Er war Mitglied des Verwaltungsrats der inneren und äußeren
Mission und des Hardthauses. In seiner letzten Krankheit sagte er:
»Ich will als ein armer Sünder sterben.« Seine Beerdigung hielt am
11. Dezember 1871 Pfarrer Gockel von Hochstetten, ein früherer
Vikar von Henhöfer, über 1. Mose 32, 10: »Ich bin zu gering aller
Barmherzigkeit und aller Treue, die du an deinem Knechte getan
hast.«

Christian Leonhard (1825–1904), Stundenhalter
in Nöttingen

Christian Leonhard wurde am 15. September 1825 als zweiter Sohn
seiner Eltern in Nöttingen geboren. Sein Vater Philipp Leonhard
suchte mit anderen heilsbegierigen Seelen aus Nöttingen und Umgebung Henhöfer schon in Mühlhausen auf. Dann besuchten sie seine Gottesdienste in Graben. Von 1827 an war ihr Ziel Spöck und
Staffort. Der Hunger nach Gottes Wort trieb sie auf den weiten
Weg. Sie mussten bald nach Mitternacht aufstehen, um nach sieben-
bis achtstündigem Fußmarsch den Gottesdienst in einer der Gemeinden Henhöfers zu erreichen.

Christian Leonhard wuchs in der geistlichen Atmosphäre seines
Elternhauses heran. Als er Konfirmandenunterricht erhalten sollte,

113

ging es dem Vater sehr darum, seinem Sohn eine gute Grundlage des Glaubens zu vermitteln. Deshalb entschloss er sich, ihn zu Pfarrer Henhöfer nach Spöck in den Konfirmandenunterricht zu schicken. Das hat ihm manche Schwierigkeiten bei den Behörden gebracht, doch gab Gott sein Gelingen zu diesem Plan. Dieser Unterricht wurde Christian zum großen Segen. Noch in seinem Alter hat er oft davon berichtet. Sein Konfirmandenheft hat er zeitlebens aufbewahrt.

Seine Militärzeit fiel in die Revolutionsjahre 1848/49. Im Mai 1849 lag er mit dem 3. Infanterie-Regiment in Rastatt. Dort war am 11. Mai der Aufstand des Militärs ausgebrochen. Zwei Tage später musste Großherzog Leopold aus Karlsruhe fliehen. Von Norden rückten preußische Truppen heran. Prinz Wilhelm, der spätere Kaiser Wilhelm I., zog am 25. Juni in Karlsruhe ein. Am 30. Juni wurde die Festung Rastatt eingeschlossen, die dann am 23. Juli kapitulierte. In dieser Notlage fragte der Soldat Christian Leonhard seinen Konfirmator um Rat. Doch konnte sein am 31. Mai 1849 geschriebener Brief Henhöfer nicht erreichen, weil Henhöfer vor den Freischärlern aus Spöck nach Stuttgart hatte fliehen müssen. Der Brief liegt im Landeskirchlichen Archiv in Karlsruhe.

»Herzlich geliebter Freund und Bruder!

Die Gnade des Herrn Jesu Christi sei mit Ihnen und mit Ihrem Hause. Amen!

Ich unterwinde mich, Ihnen als meinem geistlichen Vater im Vertrauen einige Zeilen zu schreiben und Ihnen unser aller Anliegen mitzuteilen, worüber wir Sie um Rat und Aufschluss bitten, soviel Ihnen möglich ist. Wir leben hier in Rastatt in bangen Sorgen auf die Zukunft, wie es uns ergehen wird, weil die fremden Truppen sich uns nähern und wir glauben, dass der liebe Heiland den Sieg dem lieben Preußenkönig in die Hände geben wird und wir als solche dastehen, die die Hände nicht gegen sie aufheben möchten. Weil wir aber eben noch in unserem Soldatenstand bewaffnet stehen und wir jetzt auch mitmachen sollen, so wissen wir jetzt nicht, was zu tun sei, ob wir fliehen sollen aus diesem Elend, das auf uns wartet, oder ob wir bleiben sollen, wo wir sind. Weil aber jetzt die Tore noch auf sind und wir nicht wissen, wie lange noch, und wir, wenn die Tore zu sind, nicht mehr hinaus können, so wissen wir jetzt nicht, ob wir die Flucht ergreifen sollen, um nicht auf unsere Preußen (›Preisen‹) zu schießen, denn wir Brüder haben ja keinen Gefallen an allen diesen Dingen und wir machten auch nichts mit, außer die Not trieb uns dazu.«

Am Schluss heißt es: »Der Herr hat auch bisher Großes an mir getan, des bin ich fröhlich. Er hat mich bisher in seiner Gnade erhalten. Er wird mich auch ferner erhalten, ja erhalten bis an mein Ende. Freilich wird mir fast bange, wie ich in den Tagen der Trübsal durchkommen werde, denn der liebe Heiland sagt, dass solche Trübsale hereinbrechen werden, dass die Ungerechtigkeit überhand nehmen wird und die Liebe in vielen erkaltet. Da möchte mich der Herr bewahren, dass ich nicht zaghaft werde in meinem Glauben, den ich habe an den Herrn Jesus; denn er ist treu, der mich gerufen hat, welcher wird es auch tun. Ich schließe auf recht baldige Antwort von Ihnen und verbleibe Ihr geringer Sohn und Bruder und Konfirmand Christian Leonhard.«

Christian Leonhard kam nach seiner Soldatenzeit wohlbehalten wieder heim. Immer wieder machte er sich auf den Weg nach Spöck und nahm auch drei Männer aus der Umgebung mit. Alle drei haben später an ihrem Ort die Gemeinschaft geleitet. Gottlieb Becker stammte aus Weiler (bei Pforzheim) und war in Niebelsbach verheiratet. Er hörte auch manchmal Blumhardt in Möttlingen. Heute gehören Weiler und Niebelsbach zur Gemeinde Keltern, ebenso Dietenhausen, die Heimat von Bernhard Kies, der in Wilferdingen lebte. Er besuchte in den Jahren 1842–1853 im nahe gelegenen Singen die Gottesdienste von Pfarrer Hottinger, der Vikar bei Henhöfer gewesen war.

Um den elf Jahre jüngeren Christoph Augenstein in Auerbach bei Langensteinbach hat sich Christian Leonhard liebevoll angenommen. Augenstein schrieb über seinen Freund (im »Reich-Gottes-Boten« vom 21. August 1904): »Sein Verhältnis zu mir war zuerst ein mehr väterliches. Die Herzlichkeit seiner Bruderliebe hat mich oft beschämt. Wir machten oft auch Ausflüge zu Festen; da wusste Christian immer Weg und Steg. Ein Besuch über die Christfeiertage in Spöck ist mir heute noch in gesegneter Erinnerung, wo ich zum ersten Mal einer Kinderweihnachtsfeier anwohnte. Er war ein treuer Beter für alle Werke der Mission, für Kirche und Schule, besonders auch für die Kinderschule, die in den achtziger Jahren in seinem Hause war, sowie für einzelne Menschen. Ich bin froh und dem Herrn dankbar, dass er mir solch einen Bruder auf meinen Lebensweg gestellt hat. Er hat es mir selbst erzählt, wie ihn ein Spöcker

Bruder zu sich hergezogen und ihn gefragt habe: ›Wie heißt du?‹, und er geantwortet habe: ›Christian.‹ Da habe dann der Bruder zu ihm gesagt: ›Du heißt Christi an!‹ Das ist mein Eindruck, den ich in meinem ganzen Leben von ihm gehabt habe: Er gehörte Christus an.«

Als die jungen Männer und die Mädchen dem 79-jährigen am letzten Abend seines Lebens ein Lied sangen, sagte er ihnen: »Habt den Herrn Jesus lieb und bleibt ihm treu! Es wird euch gewiss nicht reuen.«

Marie Maier (1809–1871), die Tante des Malers Hans Thoma

An zwei wichtigen Stationen ihres Lebens ist Aloys Henhöfer für Marie Maier zum Segen geworden und hat ihr einen entscheidenden Dienst getan. Bevor sie im Jahr 1845 in die evangelische Kirche eintrat, hat er sie gründlich in den evangelischen Glauben eingeführt. Als sie im Alter von 51 Jahren arbeitsunfähig geworden war und sich nach Ruhe sehnte, sorgte Henhöfer dafür, dass sie im Hardthaus in Neureut aufgenommen wurde.

Hans Thoma (1839–1924) schrieb über seine Tante, die fünf Jahre jüngere Schwester seiner Mutter:»Sie war eine tief religiöse Natur, vielleicht weil so etwas Familienerbteil war. Es war eine innerliche Frömmigkeit, der die gewohnten Formen nicht mehr genügten, sodass ihre suchende Seele im Evangelium ihren Halt fand. In ihrem christlichen Eifer war sie bemüht, die Glaubensruhe, die sie beglückte, auch ihren Geschwistern zuteil werden zu lassen. Sie schickte Bibeln und andere Schriften an sie, die nicht ohne Einfluss auf ihr religiöses Leben geblieben sind.«

Marie Maier wurde am 8. September 1809 in Bernau bei St. Blasien als Tochter frommer katholischer Eltern geboren. Wie viele Mädchen aus dem Schwarzwald kam sie nach Basel in die Fabrik. Sie wollte selber ihr Leben bessern und legte sich schwere Gesetze auf, bis sie mit dem Evangelium bekannt wurde. Man hatte sie ins Basler Missionshaus eingeladen. Dort erlebte sie im Alter von 29 Jahren die erste evangelische Versammlung und hörte das erste Herzensgebet, das ihr durch Mark und Bein ging. Sie fing an, in der Bibel zu lesen. In Dornach bei Basel verlangte ein Kapuziner von ihr in der Beichte, sie solle nicht mehr in der Heiligen Schrift lesen. Als sie erklärte, das sei ihr unmöglich, weil sie in der Bibel ihre unentbehrliche Glaubensnahrung finde, verweigerte er ihr die Absolution. Da verließ sie die Kirche, kniete draußen vor einem Kruzifix nieder und betete: »Heiland, weil mir der Priester die Absolution verweigert, absolviere du mich!« Von Stund an hatte sie die Gewissheit, dass der Herr ihre Bitte erhört hatte.

Als sie sich entschlossen hatte, evangelisch zu werden, ging sie nach Spöck und erhielt bei Henhöfer einen grundlegenden Unterricht. Er freute sich über seine 36-jährige Schülerin, die ähnliche Wege wie er geführt worden war und ihm geistesverwandt war. Am 9. März 1845 ist sie in Spöck in die evangelische Kirche aufgenommen worden. Rückblickend schrieb sie: »Ich danke dem Herrn, denn dieser köstliche Unterricht, den ich durch Herrn Pfarrer Henhöfer empfing, bekam mir noch sehr gut. Die Zurückerinnerung hat mich oft im Glauben gestärkt, besonders von meinem 37. bis zum 40. Lebensjahr, da ich dem treuen Hirten oft entlaufen wollte.«

Anschließend pflegte sie geistig und körperlich Kranke in Basler Krankenhäusern, bis ihre Kraft gebrochen war. Sie wandte sich dann bittend an Henhöfer, der ihr ein Plätzlein im Hardthaus verschaffte. Sie bat den Herrn, dass das Hardthaus ihr kein hartes Haus werden möge. Die letzten elf Jahre ihres Lebens hat sie in diesem Mittelpunkt des Gemeinschaftslebens in Baden zugebracht. Sie hat selber in dieser Zeit viel empfangen und ist vielen zum großen Segen geworden, bis sie am 10. Mai 1871 im Alter von 62 Jahren heimgehen durfte.

Beim 74. Jahresfest der Hardtstiftung im Jahr 1924 sagte Hausvater Straßer: »In Gottes Hand war Schwester Marie Maier, wie sie im Hardthause genannt wurde, das Werkzeug, wodurch noch manche andere Glieder ihrer großen Familie zum Glauben kamen. Leuchtenden Auges erzählte ihr Neffe, Professor Hans Thoma, wie durch die Tante, die er selber schätzte, die erste Lutherbibel in sein elterliches Haus kam, und wie seine Mutter, die Schwester von Marie Maier, anfing, in dem Buch zu lesen, ohne dass irgendein Mensch ihr das Gelesene erklärte. Eines Tages aber sei die Mutter vor ihre Kinder getreten und habe gesagt: ›Kinder, ich habe den Heiland gefunden.‹« – Ein weiteres Zeugnis dafür, wie der Herr ein Menschenkind, das durch Henhöfer gesegnet wurde, anderen zum Segen gesetzt hat.

Aus der Hinwendung zur Bibel, die durch Marie Maier in die Familie Thoma in Bernau gekommen ist, ist im Jahr 1866 das bekannte Bild des Meisters entstanden, das seine Mutter und seine neun Jahre jüngere Schwester Agathe in der Bibel lesend darstellt.

Die Gemeinschaft in Staffort im Haus von Johann Adam Gamer

In Mühlhausen hatte es angefangen, dass zum Glauben Gekommene sich am Sonntagnachmittag im Haus des Schreiners Brougier versammelten, was damals schon Anstoß erregte. Als Henhöfer im Juli 1823 nach Graben kam, wurden bald darauf die ersten Versammlungen in Staffort gehalten. Im Pfarramt in Spöck liegt ein Schreiben von Pfarrer Eisenlohr an Dekan Sachs in Karlsruhe vom 1. Februar 1824, das beginnt:

»Euer Hochwürden bitte ich um die gefällige Auskunft über das Ausbleiben einer verehrlichen Weisung, die Behandlung der Pietisten in Staffort betreffend. Haben Sie vielleicht meinen gefälligen Bericht über deren Versammlungen nicht erhalten oder vielleicht von der hochpreislichen Evangelischen Kirchensektion Resolution erbeten?«

Dekan Sachs antwortete darauf, er habe beim Ministerium anfragen wollen, was in der fatalen Sache zu machen sei, müsse aber noch einige Berichte abwarten, die er glaube mit vorlegen zu sollen. »Einstweilen werden Sie nach den bestehenden Verordnungen und Ihrer Umsicht und Pastoralklugheit handeln, bis eine allgemeine Resolution in Betreff der Pietisten oder eine besondere rücksichtlich derer in unserer Diözese erfolgen wird.«

Bei diesen Versammlungen in Staffort war auch Johann Adam Gamer (1801–1883) dabei, genannt Hans Adel. Seine Lebenserinnerungen sind im »Reich-Gottes-Boten« vom 1. August 1999 bis zum 12. Februar 2000 veröffentlicht wurden. Den entscheidenden Anstoß erhielt er am 28. September 1823 in Graben, wo er acht Tage vorher Henhöfer zum ersten Mal gehört hatte. Er berichtete darüber:

»In meinen Gedanken war ich die Woche über viel in der Kirche zu Graben. Am folgenden Sonntag wachte ich früh auf. Mein erster

Evangelische Kirche in Staffort zur Zeit Henhöfers

Gedanke war: ›Heute gehst du noch einmal nach Graben in die Kirche.‹ Ich fühlte einen Zug in mir, den ich mir nicht erklären konnte. Deshalb bedurfte ich keiner Aufforderung, heute Henhöfer predigen zu hören. Auf dem Weg traf ich mit Leuten von Eisingen zusammen, die auch nach Graben in die Kirche gingen. Der Gegenstand ihres Gesprächs war Gottes Wort. Einer machte besonders einen tiefen Eindruck auf mein Herz. Er stand im Feuer der ersten Liebe und redete mit Kraft und Nachdruck über das Evangelium von Jesus Christus. Ich staunte diesen Mann an und dachte: ›Woher hat dieser den Verstand und das Licht in Gottes Wort? Er ist doch nur ein Bauer und hat nicht studiert.‹ Ich wusste noch nicht, dass der Heilige Geist der rechte Lehrmeister in Gottes Wort ist und dass er uns unsere Lippen salben und öffnen muss, damit wir den Ruhm des Herrn verkündigen können. Das war ein gesegneter Gang für mich, wie ich vorher keinen gemacht habe, und eine gute Vorbereitung auf die Predigt, die ich hören wollte.

Die Kirche konnte die Leute beinahe nicht alle fassen. Ich war froh, dass ich auf einer Stiege ein Plätzlein fand, wo ich stehen konnte. Der Pfarrer bestieg nach Gebet und Gesang die Kanzel. Kaum hatte er nach seinem Gebet amen gesagt, so gab's eine kleine Störung in der Kirche. Was geschah? Der Großherzog Ludwig und noch ein Herr kamen herein und nahmen Platz. Das spornte mich aufs Neue an, wohl Acht zu haben auf das, was heute verkündigt wird.

Henhöfer predigte nach dem Evangelium Matthäus 22, 34–46 über Gesetz und Evangelium. Im ersten Teil wurde gezeigt, wie das Gesetz erfüllt werden müsste, wenn wir durch dasselbe selig werden wollten. Dieser Anfang der Predigt war für mich ein Schwert, das Mark und Bein durchdrang. Die Schuppen fielen mir von den Augen. In diesem Spiegel des göttlichen Wortes lernte ich erkennen: Du bist ein verlorener Sünder! Mein Herz bebte, ich fühlte mich ganz zerschlagen und musste den Tränen freien Lauf lassen. Getrieben von meiner geistlichen Not musste ich fragen: ›Was soll ich tun, dass ich selig werde?‹

Diese Frage wurde mir im zweiten Teil der Predigt beantwortet. Darin wurde gezeigt, was Gott zur Erlösung der Sünder getan hat. Welch ein Erbarmen war im Herzen Gottes gegen die durch ihren Fall verlorene Menschheit, sodass er beim Anblick unsres Elends ausrief: ›Es bricht mir mein Herz; ich muss mich ihrer erbarmen!‹ Damit wir nicht verloren gehen sollten, hat er uns aus herzlicher Barmherzigkeit und Liebe seinen eingeborenen Sohn, der von Ewigkeit her in des Vaters Schoß war, herabgesandt in die Welt. Der ewige Sohn Gottes hat, getrieben von der Liebe zu uns verlorenen Sündern, den Thron seiner Herrlichkeit verlassen und unsre Menschheit angenommen, um ein Heiland für uns zu werden. Er hat sein heiliges Blut für uns vergossen, um damit unsre große Sündenschuld zu bezahlen. Durch seinen vollkommenen Gehorsam bis zum Tod am Kreuz hat er uns eine vollkommene Gerechtigkeit erworben, die allen bußfertigen Sündern, die mit einem gläubigen Herzen zu Jesus kommen, zugerechnet werden soll. Er ist bereit, die größten Sünder anzunehmen, sobald sie mühselig und beladen zu ihm kommen. Er stößt keinen hinaus.

Hatte der erste Teil der Predigt mein Herz so sehr verwundet, dass ich Tränen der Reue über meine Sünde weinen musste, so schmolz der zweite Teil mein Herz noch viel mehr. Der Schmerz über meine Sünden wurde durch das Evangelium gelindert.« So hat Gott sein Werk bei Johann Adam Gamer angefangen.

In seinen Erinnerungen berichtet Gamer, wie Henhöfer nach Spöck kam und wie dessen Predigten ihm bei seinen Zweifeln an der Gottheit Christi eine Hilfe waren:

»Unterdessen kam das Jahr 1827, in welchem Pfarrer Henhöfer auf die Pfarrei Spöck und Staffort versetzt wurde. Jetzt hatten wir das lautere Evangelium in der Nähe. Ich war sehr froh darüber, denn ich trug eine nach dem Brot des Lebens hungrige Seele in mir und freute mich die ganze Woche auf den Sonntag. Da fehlte es an Aufforderungen zur Buße nicht, besonders aber wurde das Wort von der Versöhnung verkündigt, und das war die rechte Salbe aus Gilead auf mein verwundetes Herz.«

»Es stiegen Zweifel über die Person Jesu in meinem Herzen auf, die ich früher in meinem ganzen Leben nie hatte. Ich erschrak darüber und wollte von diesen zweifelnden Gedanken loskommen. Und doch konnte ich sie nicht aus meinem Herzen entfernen. Kam ich in die Kirche und hörte unseren Pfarrer Henhöfer das Evangelium von Jesus Christus verkündigen, so war dies eine Predigt für mich. Ich wurde durch Gottes Wort in meinem Glauben gestärkt und meiner Zweifel los.«

Schon früh hat Johann Adam Gamer die Gemeinschaft in sein Haus Weingartener Straße 36 aufgenommen, das bis heute erhalten geblieben ist. Henhöfer und seine Vikare gingen in seinem Haus aus und ein, wenn sie in Staffort Dienst taten. Vorn war ein kleiner Spezereiladen, und hinten in der Stube kamen die Leute zur Stunde zusammen. Sie saßen auf Bänken, die an der Wand befestigt waren. Neben dem Vetter Hans Adel, wie er allgemein genannt wurde, diente sein Bruder Michael am Wort.

Johann Adam Gamer genoss bei den Staffortern großes Vertrauen. Als im Dezember 1840 ein neues Mitglied des Kirchengemeinderats gewählt wurde, erhielt er 111 Stimmen, der zweite Kandidat vier Stimmen, der dritte zwei und der vierte eine.

Emil Frommel (1828–1896), der Sohn des Karlsruher Galeriedirektors, kam schon als Kind zu Henhöfer und in die Stafforter Gemeinschaft. Im Jahr 1853 war er Vikar in Spöck und musste später als Hofprediger in Berlin dem alten Kaiser Wilhelm I. immer wieder von dem originellen Erweckungsprediger Aloys Henhöfer erzählen. Er schreibt:

»Noch ist mir der Eindruck unvergesslich, da ich als Kind mit der Mutter und mit Henhöfer zu Staffort in Hans Adels Haus, das von Reben umsponnen war und vor dem die Bienenstöcke standen, in der rein und weiß gescheuerten Stube die Leute mit einem Feuer und mit einer Innigkeit reden hörte, die ich jedem Geistlichen wünschte. Henhöfer war, was der Apostel Petrus sagt, ein Vorbild, ein Typus der Gemeinde, d. h. er war nicht das Abbild seiner Gemeinde, sondern sie war sein Abbild. Er prägte ihr sein Bild auf und darin das Bild Jesu Christi. Seine Stundenhalter waren kleine Henhöfer.

In den beiden Gemeinden Spöck und Staffort gab es durch die Wirksamkeit Henhöfers neues Leben und hin und wieder Erweckungen, bald größere, bald kleinere Teile der Gemeinde umfassend. Es war nicht mehr die stürmische Art wie einst in Mühlhausen. Es ging ruhiger und stiller her. Im Filial Staffort regte sich's zuerst, früher als in der Muttergemeinde. Und die sich unter dem Wort bei der Predigt innerlich gefunden hatten, fanden sich auch wieder des Abends zusammen zur Nachlese und Weitererbauung. Daher entstanden die so viel angefeindeten ›Stunden‹, deren Vater Henhöfer war. Es war in den Stunden zunächst nur der Widerhall der Predigten zu hören und das Bedürfnis nach Gemeinschaft zu sehen, nachdem man (im Gottesdienst) das Wort und die Lehre gehört hatte. Henhöfer selbst tat nichts dazu, sie einzurichten, er ließ sie aus der Predigt herauswachsen. Darum blieben sie unter seiner Leitung gesund und im Zusammenhang mit der Kirche. Bildete sich eine Stunde, so nahm er sich ihrer und vornehmlich der Leiter treulich an. Er sammelte sie um sich. Zuweilen ging er selbst hin und setzte sich mitten unter die Leute.«

Die Frau des Nachfolgers Carl Peter schrieb im Januar 1875 ihrer Tochter nach China: »Unser Herr Vikar (Johannes Deggau) geht hie und da am Sonntagabend in die Stafforter Versammlung, namentlich um den ehrwürdigen Vetter Hans Adel zu hören. Auch der liebe Vater war einmal mit ihm dort. Der treue Freund Martin Stober, der uns die Reben schneidet, begleitete sie dann mit der Laterne bis hierher.«

Dekan Georg Urban, der von 1924 bis 1951 Pfarrer in Spöck und Staffort war, hat berichtet: »In Staffort hat schon vor 1840 eine Erweckung ihren Anfang genommen. Hans Adels Haus war der Mittelpunkt der Erweckten geworden.«

Erweckung in Spöck im Jahr 1842

In Spöck gab es im Jahr 1842 eine Erweckung, nachdem Henhöfer fünfzehn Jahre dort gewirkt hatte. Er berichtete im Sommer 1842 seinem ehemaligen Vikar Ledderhose nach St. Georgen: »Hier geht alles sehr erfreulich fort, und immer hört man noch von einzelnen Erweckungen. Es bestehen jetzt außer der Sonntagsstunde noch wöchentlich drei Abendstunden, sonntags, dienstags und freitags abends, die gegen halb zehn Uhr enden. Sodann haben Männer, Frauen, Jünglinge und Jungfrauen an verschiedenen Tagen besondere Gebetsvereine. Auch werden regelmäßig von mir morgens um sechs Uhr zwei Wochenkirchen gehalten, die zahlreich besucht werden. In Staffort hat die weibliche Jugend einen Gebetsverein errichtet, der viele Erweckungen unter der Jugend und unter den Alten neuen Eifer zur Folge hatte. Auch die Sonntagskirchen sind so stark besucht als je. Der Herr wolle den ersten Eifer erhalten!« Im November 1842 schrieb er: »Hier geht es gottlob ruhig fort. In der Erweckung ist jetzt Stillstand eingetreten. Die Stunden in der Woche, besonders sonntags, sind immer zahlreich, meist von mehreren Hunderten besucht. Doch der eigentlich klugen Jungfrauen gibt es nur wenig.«

Im Juni 1842 machte er, der ausgezeichnet Französisch konnte, eine Reise nach Südfrankreich. Zwei Briefe, die seine Frau ihm damals schrieb, geben einen Einblick in das neue Leben, das sich regte. Am Montag, den 6. Juni, schrieb sie: »Wie wir gestern Abend nach Hause gingen, war alles so still und ruhig, dass ich zu Malchen sagte: ›Eure Leute schlafen schon alle.‹ Wie wir näher gegen Christophs Haus kamen, hörten wir lesen. Brecht las vor, er hatte ein Licht am offenen Fenster, und der Hof war mit Leuten angefüllt. Wir blieben stehen. Dann wurde gesungen und ein kurzes Dankgebet gebracht für den Segen und Schutz des vergangenen Tages. Möge der Herr Sein Werk in uns allen ausrichten zu Seines Namens Ehr und zu unserer Seligkeit.«

Drei Tage später schrieb sie ihrem Mann: »Gestern Abend hat sich wieder ein großer Teil der Gemeinde in Mangolds Hof versammelt. Es ist ihnen zu lange von einem Sonntag auf den anderen. Kammerer kam vom Feld, gab seinen Leuten die Haue und ging gleich in den Hof, ohne zu Nacht zu essen, und sagte: ›Ich habe immer zu meinen Leuten gesagt, wir kommen zu spät vom Feld heim. Bei uns heißt es auch: Wir haben einen Acker gekauft, darum kann ich nicht kommen.‹

Evangelisches Pfarrhaus in Spöck

Am Sonntag gingen wir nach Staffort in die Kinderlehre. Auf der Brücke saß halb Spöck und erwartete uns. Hättest Du die liebevollen, freundlichen Gesichter gesehen, es wäre Dir ergangen wie mir: Mein Mund lachte, und mein Herz weinte vor Freude. Der ganze Zug ging dann hinter uns her zur Kirche, wo Mann die Kinderlehre hielt. Hans Adel kam gleich, um zu fragen, ob er ihn zurückfahren dürfe, was auch angenommen wurde. Wir gingen nach Spöck zurück und in die Stunde, die stark besucht war. Bei Gruber waren wieder viele Menschen versammelt. Man hat Dich so herzlich ins Gebet mit eingeschlossen, und jedes Herz hat gewiss amen dazu gesagt.« Karl Mann war im Jahr 1842 von Wilhelmsdorf zurückgekehrt und Pfarrer in Hochstetten geworden.

Aloys Henhöfer hatte seinem Freund Julius von Gemmingen, der seit 1835 in Stuttgart wohnte, von der Erweckung berichtet. Der Freiherr antwortete am 19. August 1842, sechs Tage vor seinem Heimgang:
»Wenn ich diese köstlichen Berichte so betrachte und mit inni-

gem Dank dabei verweile, so kommt mir öfter eine tiefe Rührung in mein Herz über die gnädig erhörten Gebete, welche täglich für Sie um Segen in der Gemeinde, um Schutz gegen Ihre Widersacher und um einen freundlich erhellten Lebensabend zu dem emporsteigen, der so gerne Gebete erhört, die aus kindlichem Herzen einfältig und voll Vertrauen ihm geweiht werden. Sie berichten mir große geistliche Bewegungen, welche viel Segen verbreiten können, wenn sie im rechten Maß bleiben. Ich bitte den Herrn inständig, er wolle Ihnen die rechte Weisheit verleihen, die so schöne, liebliche Frucht vor jeder Ausartung zu bewahren, damit sie eine gesunde, bereinigte Frucht bleibe, vor jedem Wurmstich getreu behütet. Denn besonders zu dieser Zeit baut die alte Schlange so geschickt als geschwinde ihre täuschende Kapelle neben das echte Kirchlein Christi hin. Bei dem Aufsehen, welches diese Sache machen muss, werden Sie doppelte Wachsamkeit nötig haben. Aus diesen Gründen glaube ich nicht, dass Sie einen Wechsel der Gemeinde wünschen werden. Gegenwärtig lese ich den Elisa von Krummacher; es ist dieses ein ganz köstliches Buch, worin eine Menge edler Perlen enthalten sind.«

Der Brief schließt mit den Worten:»Gott, der mächtige Erhalter seiner Kirche, walte mit großer Gnade und Liebe über Sie und Ihre Gemeinde! Amen. Amen. Ihr alter dankbarer Freund Julius.«

Nach seinem Heimgang am 25. August 1842 schrieb eine seiner Töchter:»Den teuren Vater hat ein Strahl der Liebe von Christus umgeben, von dem jeder etwas zu spüren bekam, der mit ihm in Beziehung trat.«

Die sieben Diakone

So hat Carl Peter, der im Jahr 1863 Henhöfers Nachfolger in Spöck wurde, die Kirchenältesten Henhöfers genannt, die gleichzeitig die Gemeinschaftsstunden in Spöck und in Staffort gehalten haben. Zu diesem Dienst hat ihr Pfarrer sie regelmäßig zugerüstet. Davon hatte der Oberkirchenrat in Karlsruhe gehört und nach Spöck geschrieben:

»Man habe erfahren, dass Pfarrer Henhöfer jede Woche regelmäßig mit sogenannten Pietisten, und zwar mit sieben bis acht Stundenhaltern, besondere Zusammenkünfte halte.« Er antwortete darauf am 19. Juli 1845:

»Da uns untersagt ist, die Stunden selbst zu besuchen, angeraten aber, mit einzelnen Leuten zu reden, so ließ ich die Stundenhalter meiner beiden Gemeinden kommen und redete mit ihnen. Weil sie sich aber das Recht nicht nehmen lassen wollten, Stunden zu halten, und gesetzlich auch nichts gegen sie getan werden kann, da alles in größter Ruhe und Ordnung geschieht, so redete ich bei dieser Gelegenheit mit ihnen über das, was in den Stunden verhandelt wird. Da ich sah, dass es gut war, so hieß ich sie wieder kommen. Sie kommen nun gewöhnlich jede Woche, manchmal auch nur alle 14 Tage. Ich rede mit ihnen, frage sie wie Kinder in der Kinderlehre, berichtige und helfe nach, wo ihre Erkenntnis mangelhaft ist. Auf diese Weise habe ich die Stunden in meiner Hand, ohne selbst hinzugehen. Ich kann sie vor Verirrung und Sektiererei bewahren, halte sie im Zusammenhang mit der Kirche und mache sie für dieselbe selbst fruchtbar. Außer den Stundenhaltern darf aber niemand kommen. Es ist nichts als ein Hausbesuch, der aber statt mit andern Gesprächen mit einem Kapitel der Heiligen Schrift ausgefüllt wird.«

In den späteren Jahren ging Henhöfer immer wieder selber hin, hörte zu und griff ein. Dadurch blieb die Sache im Ganzen gesund, und es war keine Spannung mit der Kirche da.

Seine Stundenhalter schickte er vor allem zu den Kranken im Ort. Sie konnten manches sagen, was Henhöfer nicht sagen konnte. So haben sie ihm oft »vorgebohrt«, sodass er später nur den Nagel hineinzuschlagen brauchte.

Bei der Visitation im Jahr 1865 berichtete Henhöfers Nachfolger Carl Peter über das geistliche Leben in beiden Gemeinden und über die sieben Stundenhalter, die gleichzeitig Kirchengemeinderäte waren:

»Vorzugsweise widmet der Pfarrer seine Dienste den Kranken, wobei er durch seine tüchtigen Kirchengemeinderäte, welche wahre Diakone sind, unterstützt wird. Ist oft im Winter die Krankenzahl groß, mehrt sich die Zahl der Sterbenden, so würde der Pfarrer für sich allein den vielen und dringenden Bedürfnissen nicht genügen können, wenn er nicht solche wackeren Mitarbeiter hätte, welche – mit Paulus zu reden – mit dem Evangelium des Friedens beschenkt sind und zu jeder Stunde bei Tag und bei Nacht bereitstehen, den Kranken und Sterbenden zu dienen.

Dieser Männer sind es im Ganzen sieben. Sie stehen sämtlich bei der Gemeinde in hoher Achtung, die ihnen um ihrer Dienste und Liebe, sowie um ihrer Gaben und ihres Wandels willen gebührt. *Sie sind lebendige Früchte der reich gesegneten Henhöferschen Arbeit*, ein frisches, kräftiges Salz und hell scheinende Lichter in der Gemeinde.

Nicht jedoch bloß diesen Sieben, sondern ebenso der Gemeinde im Großen ist durch die während dreieinhalb Jahrzehnten fortgesetzte Wirksamkeit meines seligen Amtsvorgängers das bis heute unverwischt erhaltene Gepräge, der göttliche Stempel aufgedrückt, dass die Existenz eines Wortes des lebendigen Gottes ihnen eine Lebensgewissheit ist und dass sie sich davor beugen. Selbst die gottlosesten Leute haben noch Respekt vor dem göttlichen Wort.

In Spöck ist weitaus die größere Mehrzahl diesem Wort untertan, in Staffort nur eine ehrenwerte Minderzahl, die aber durch ihre ganze Haltung wert geachtet und von Einfluss ist, jedoch nicht durchzudringen vermag, wie dies bei der vorhandenen größeren Zahl in Spöck der Fall ist.

Das in beiden Gemeinden waltende christliche Geistesleben bringt es als eine ganz naturwüchsige Erscheinung mit sich, dass sich Gemeinschaften gebildet haben, welche, völlig frei von aller sektiererischen Richtung, nur dem vielseitig vorhandenen Bedürfnis dienen, durch gegenseitige Mitteilungen und brüderliche Besprechungen zu wachsen in der Gnade und in der Erkenntnis der göttlichen Wahrheit und sich zu stärken und zu fördern im Christenlauf. Die beiden Gemeinschaften in Spöck und Staffort sind nichts Nebenkirchliches oder Außerkirchliches oder gar Widerkirchliches, sondern sie sind eine durch und durch kirchliche Pflanze und werden als solche selbst von denen, welche diese Gemeinschaften nicht besuchen, anerkannt und gewürdigt.

Das Verhältnis, in welchem der Unterzeichnete zu den Erbauungsstunden steht, die innerhalb der Gemeinschaft in Spöck gehalten werden, ist folgendes: Allwöchentlich besuchen ihn oben genannte sieben Männer, die er als gesegnete und segnende Diakone bezeichnet hat, am Freitagabend. Ihr Zweck dabei ist, sich auf ihre nächste Sonntags-Bibelstunde vorzubereiten, das an diesem Abend aus dem Wort Gottes Gehörte weiter zu beherzigen und sich sodann am Sonntag in freier, aber an das göttliche Wort gebundener Weise wechselseitig auszusprechen. Nur in diesen vorbereitenden

Bibelstunden führt der Pfarrer das Wort, in den Erbauungsstunden dagegen sind diese sieben sogenannten Stundenhalter die Sprecher und dienen, ein jeder mit der Gabe, die er empfangen hat. Der Pfarrer ist nicht im Stande, die Erbauungsstunden regelmäßig zu besuchen. Es ist ihm aber eine Freude, sooft er denselben anwohnen kann, und er besucht sie mit Segen für seine eigene Seele. Seit etwa zwei Monaten ist in diesen Stunden angefangen worden, die Offenbarung zu lesen. Diese schwere Aufgabe macht es mir zur Pflicht, öfter als bisher anzuwohnen, um die Männer, die ich als Mitglieder am Leibe des Herrn Jesus, als Brüder ehren und anerkennen muss, meinesteils zu unterstützen. Es wird dabei gründlich in die Bibel eingegangen, wie denn die Auslegung und Betrachtung des Hebräerbriefs durch die Sonntagabende von anderthalb Jahren hindurchging.«

Eine wertvolle Ergänzung des Berichts von Carl Peter zur Visitation 1865 bildet der Brief, den Christoph Blumhardt (1842–1919) am 19. September 1866 an seine Eltern in Bad Boll geschrieben hat. Er hatte kurz vorher sein erstes Vikariat in Spöck angetreten.

»Liebe Eltern,

heute früh verließ uns unser lieber Hausvater Pfarrer Peter und ließ allen, besonders mir, ein schweres Herz zurück. Ich habe ihn schon recht lieb gewonnen in der kurzen Zeit; er ist ein Kernmann, wie man wenige findet; nicht bloß für seine Familie, sondern auch besonders für seine Gemeinden ist er eben alles. Kein Wunder aber ist es, dass er der Ruhe bedarf, und ich bin sehr froh, dass er sich endlich losgerissen hat. Jetzt, nachdem ich in die Geschäfte etwas hineinsehe, muss ich sagen, dass es keine Kleinigkeit ist, als kirchliche und als bürgerliche Amtsperson in zwei Gemeinden, von denen die eine 1200, die andere 700 Seelen zählt, zu stehen.

Dabei sind noch die beiden Gemeinden von dem seligen Herrn Pfarrer Henhöfer, der 35 Jahre in denselben mit unermüdlichem Eifer gewirkt hat, derart hergebildet, dass der Pfarrer wahrlich keine Schlafhaube sein darf, wie sie sich bei uns in so großer Anzahl finden; und auch abgesehen von hier ist überhaupt in der ganzen Gegend die sogenannte gläubige Partei ein so mächtiges Element in der Gemeinde, dass der Geistliche, ob er will oder nicht will, viel tun muss namentlich auch in Betreff seiner eigenen weiteren biblischen Ausbildung, wenn er nicht mit Schande abziehen will. Denn glaubet nicht, es seien hier Pietistenversammlungen wie bei uns, abgesondert vom Geistlichen; dieser ist vielmehr die Seele davon, wenigstens wird es von ihm verlangt. So werden sich z. B. bei mir während der Abwesenheit des Pfarrer Peter alle Freitag sieben ergraute Männer in meinem Zimmer einfinden, um mit mir den Epheserbrief durchzusprechen; den Sonntag darauf setzen sie sich in die Kirche um einen Tisch herum, die Gemeinde, soweit sie zu den Gläubigen gehört, versammelt sich um sie, ungefähr 150 Seelen und darüber, und da sprechen nun diese Diakone über das, was sie vorher mit dem Geistlichen durchgesprochen haben oder er mit ihnen. Unsereinem steht es dann frei, entweder auch an den Rednertisch zu sitzen oder unter die Gemeindeglieder. Von welcher Art diese Männer sind, nur ein Beispiel: Vor einigen Tagen kam einer derselben namens Gruber ins Pfarrhaus, um einen Bericht abzustatten über ein Fest, eine Einweihung einer Kleinkinderschule. Wie er fertig war, sagte ich ihm, dass ich auf ihren Wunsch bereit sei, den Epheserbrief mit ihnen durchzugehen zu den Sonntagsversammlungen. Da war seine Antwort: ›Ja wissen Sie, die Episteln im Neuen Testament haben wir alle mit dem seligen Henhöfer dreimal Wort für Wort durchgesprochen, das kann ich Ihnen sagen, da wissen wir alles.‹ Auf meine Entgegnung, das sei ja gerade recht, da könnten sie ja mich unterrichten und zu einem tüchtigen Vikar in der Gemeinde machen, erwiderte er, das sei schon recht, doch bleibe mir dann das Geschäft, für sie den Stoff zu ordnen; das verstehen sie weniger. – Und wirklich, die Leute wissen etwas; wenn ich die Stunde bedenke, der ich letzten Sonntag beiwohnte, so muss ich mich wundern über die große Anzahl derer, die in Ordnung und verständig zu reden wissen. Das kommt heraus, wenn ein Geistlicher tut, was seines Amtes ist. Der Unterschied, der hier gemacht wird zwischen gläubig und nicht gläubig, ist freilich eine missliche Sache, doch zum Teil berechtigt, zum mindesten zu entschuldigen; denn Ihr habt keinen Begriff, welchen Schikanen man von Seiten der Behörden und vor allem von Seiten des Oberkirchenrats ausgesetzt ist. Die eigentlich Gläubigen stehen fast in einer Art Verfolgung; kein Wunder, wenn sie sich enger als sonst zusammenschließen.«

Neu an diesem Bericht ist, dass damals die Sonntagsversammlungen der Gemeinschaft in der Kirche stattfanden. Es gab in Spöck keinen anderen Raum, der die vielen Teilnehmer hätte fassen können. Erstaunlich ist, wie gründlich Henhöfer seine Stundenhalter in die Briefe des Neuen Testaments eingeführt hat. Die Namen von zwei dieser sieben Diakone sind bekannt: Johann Adam Gamer in Staffort und Georg Friedrich Seeland in Spöck.

Kirchenvisitationen in Spöck

Im Landeskirchlichen Archiv in Karlsruhe sind die Protokolle der Visitationen der beiden Gemeinden Spöck und Staffort aufbewahrt. Daraus ist zu ersehen, wie seine Vorgesetzten die Wirksamkeit Henhöfers beurteilten.

Visitation 1836

Ludwig Christian Sachs (1780–1850) war seit 1821 Stadtpfarrer in der Altstadt von Karlsruhe und gleichzeitig Dekan für den Kirchenbezirk Karlsruhe-Land. Am 27. Juli 1823 hat er Henhöfer in Graben eingeführt. Nach dessen Predigt über 2. Korinther 5, 19–21 »Lasset euch versöhnen mit Gott!« ermahnte er ihn, »den Leuten das Seligwerden nicht zu leicht zu machen«.

Im August 1836 hielt er Visitation. Er schrieb damals: »Gehorsamster Bericht des Evangelischen Landdekanats Karlsruhe, den kirchlichen Zustand der Gemeinden Spöck und Staffort bei der am 6. und 7. August 1836 abgehaltenen Visitation betreffend.« Dieser Bericht war an die Evangelische Kirchensektion im Ministerium des Innern, die damalige Leitung der Landeskirche, gerichtet. Daraus sei entnommen: »Wir können nicht anders, als in unserem gehorsamsten Bericht den guten kirchlichen Zustand beider Gemeinden zu loben. Abgesehen von den pietistischen Versammlungen, die sowohl in Spöck als noch mehr in Staffort immerhin eine Kirche in der Kirche bilden und nicht selten das gute (Ein-)Vernehmen zwischen Gliedern der Gemeinde, ja der Familien stören, herrscht doch im Allgemeinen ein kirchlicher und religiös sittlicher Geist in beiden Gemeinden und geht Pfarrer Henhöfer, als der gemäßigste unter seinen pietistischen Kollegen, noch mehr damit um, in Lehre und Seelsorge seinen Gemeindegliedern alles zu sein.«

Mit den »pietistischen Kollegen« waren die beiden Pfarrer Käß von Graben und Dietz von Friedrichstal gemeint, die an der Visitation teilnahmen.

Zur Kirche in Spöck bemerkt der Dekan: »Die innere Einrichtung der für die große Gemeinde gar nicht zu großen Kirche ist möglichst zweckmäßig, wenn nicht auch Auswärtige, wie oft geschieht und auch heute der Fall war, zugegen sind.«

Im Bericht für die Visitation schrieb Henhöfer: »Der Pfarrer steht in gutem Einvernehmen mit seiner Gemeinde und weiß keine besonderen Hindernisse, die seiner Wirksamkeit entgegenstehen. Mutwillige Verächter des öffentlichen Gottesdienstes und des heiligen Abendmahls finden sich keine in den Gemeinden. Separatisten gibt es ebenfalls keine, aber sogenannte Pietisten, die sonntags Versammlungen halten. Der Pfarrer beaufsichtigt sie und sorgt besonders dafür, dass nicht freie Vorträge gehalten werden, sondern nur eine Predigt aus guten Büchern gelesen wird.«

Damals fand alle zwei Jahre eine Visitation statt. In seinem Bericht wiederholte Henhöfer jedesmal, fast mit den gleichen Worten, was er 1836 über die Gemeinschaften in beiden Orten geschrieben hatte.

Visitationen 1842, 1844 und 1846

Karl Wilhelm Cnefelius (1804–1862), der neue Dekan, war fünfzehn Jahre jünger als Henhöfer und seit 1832 Pfarrer in Teutschneureut, heute ein Vorort von Karlsruhe. Er kam mit einem günstigeren Vorurteil als sein Vorgänger am 21. August 1842 zur Visitation der beiden Gemeinden und berichtet darüber:

»Im Vorgefühl eines geistigen Genusses, welcher ihn erwartete, in der sicheren Hoffnung auf einen bleibenden Gewinn, welcher ihm zuteil werden würde, begab sich der Visitator zur Visitation nach Staffort und Spöck. Viel hatte er schon über Pfarrer Henhöfer gehört, vieles schon mit ihm selber besprochen, manches auch von ihm gelesen, aber noch nie ihn predigen, noch nie ihn katechisieren hören. Darum war er auch voll gespannter Erwartung, und seine Erwartung, seine Hoffnung täuschte ihn nicht.

Nach dem Gottesdienst zu Staffort, von Vikar Schneeberger würdig gehalten, begab sich der Visitator in die gedrängt gefüllte Kirche in Spöck, wo Pfarrer Henhöfer über das Evangelium predigte. Sein Vortrag war herzlich, ergreifend, oftmals begeisternd. Wohl um die Hälfte mehr, als anliegende Predigt enthält, wurde gesprochen. Die Predigt dauerte fünfviertel Stunden.

Dem Eifer auf der Kanzel kommt gleich des Pfarrers Eifer für die übrigen Pflichten seines Berufes. Auch kann der Visitator nicht umhin, noch beizufügen, welche Freude es ihm verursachte, als er nicht nur in seinen Unterredungen mit Pfarrer Henhöfer bemerkte, wie er milder als früher in seinem Urteil gegen andere geworden sei, sondern als er auch aus dessen eigenem Munde das Geständnis vernahm, seit einigen Jahren die Liebe vorwalten zu lassen.«

Von der Visitation am 22. September 1844 berichtet Dekan Cnefelius:»Seine Kirchen sind gedrängt voll von Einheimischen und Auswärtigen. Sein Vortrag war erweckend, belebend und teilweise, namentlich gegen Ende, voll Feuer, seine Haltung auf der Kanzel zwanglos, der populären Predigtweise, überhaupt der ganzen Persönlichkeit völlig entsprechend. So zog zum Beispiel Pfarrer Henhöfer, als er fühlte, dass er sich lange beim ersten Teil der Predigt verweilt habe, die Uhr aus der Tasche, entschuldigte sich dann, dass man eben vom Evangelium nicht so schnell loskommen könne, und eilte dann zum Schluss. Was bei einem anderen Prediger und in einer anderen Kirche aufgefallen wäre, hat hier nicht die mindeste Störung veranlaßt.«

Aus dem Bericht von der Visitation im Jahr 1846 sei mitgeteilt: »Die Kirche zu Spöck war gedrängt voll von Zuhörern, nicht nur aus seiner Filialgemeinde, sondern auch aus vielen anderen Orten in der Nähe und Ferne. Es ist dies wohl begründet teils in dem engen Zusammenhalt der sogenannten Pietisten, teils und besonders in Henhöfers vorzüglicher Redegabe, seinem gründlichen Eingehen in den jedesmaligen Text, seiner bilder- und gleichnisreichen, gemein fasslichen Sprache, seiner Wärme, seiner Begeisterung, die, aus einer ergriffenen Seele kommend, auch die Zuhörer ergreift, seinem mit Herzlichkeit, Freundlichkeit und Milde verbundenen Ernst. So ist Pfarrer Henhöfers Wirksamkeit fortwährend gesegnet.«

Visitation 1859

Karl Zimmermann (1814–1889) war zehn Jahre Pfarrer der Henhöfer-Gemeinde Mühlhausen gewesen. Er wurde im Jahr 1857 als Stadtpfarrer in Karlsruhe Dekan des Kirchenbezirks Karlsruhe-Land. In seinem Alter war er Vorstand des Evangelischen Vereins für innere Mission A.B. Dieser mit dem jetzt 70-jährigen Henhöfer herzlich verbundene Dekan berichtet über die Visitation im Jahr 1859:

»Die ganze Gemeinde, Alt und Jung, bis zu den Schulkindern herab mit dem Neuen Testament in der Hand, Vers für Vers darin nachlesend und dem Prediger folgend, ging der Predigt von anderthalb Stunden bis zum Ende mit solcher Aufmerksamkeit und Gespanntheit nach, dass es eine wahre Erbauung war, die Versammlung anzusehen. Der ehrwürdige Pfarrer stand wie ein Vater unter seinen Kindern. Das muss gesagt werden: Pfarrer Henhöfer kennt die Bedürfnisse des Volkes und der Gemeinde genau und weiß die göttlichen Wahrheiten des Evangeliums in seltener Volkstümlichkeit in die Herzen hinein zu predigen. Geist und Leben war in dieser Predigt. Der Visitator selbst war nicht nur erbaut, sondern ergriffen von derselben.

Nicht minder volkstümlich, originell und belebend war die Katechisation. Die Antworten auf die Fragen des Pfarrers folgten Schlag auf Schlag, und wenn je eine Antwort etwas zu lange auf sich warten ließ, wurden die Erwachsenen gefragt, welche dann auch Antwort gaben. Man sah, der Pfarrer ist mit den Kindern und sie sind mit ihm vertraut. Auch hier bewegte sich alles in einer höchst freien und ungebundenen Weise.«

Im Jahr 1829 hatte Spöck 927 Einwohner. Für 584 Personen hatte die Kirche Sitzplätze. Sonntag für Sonntag war sie überfüllt. Deshalb plante die Hofdomänenkammer in Karlsruhe seit 1856 eine Erweiterung der Kirche. Der Umbau erfolgte 1863, ein Jahr nach Henhöfers Tod.

Am Ende seines Lebens bekam Henhöfer noch einmal einen Dekan Sachs, der aber ganz anders geartet war als sein erster Dekan und nicht mit ihm verwandt. Julius Sachs (1823–1882) war im Jahr 1848 Henhöfers Vikar gewesen und eines Sinnes und Geistes mit ihm.

Georg Friedrich Seeland (1818–1897), Stundenhalter in Spöck

Hier liegt erstmals der Bericht eines Mannes vor, der die ganzen 35 Jahre der Wirksamkeit Henhöfers in Spöck selbst miterlebt hat. Er schildert, wie es vor 1827 dort aussah und was für einen schweren

Kampf der neue Pfarrer zu kämpfen hatte. Zwar war ihm eine große Tür aufgetan, doch waren auch viele Widersacher da. Zu ihnen gehörte Georg Friedrich Seeland, bis er mit 24 Jahren seinen Widerstand aufgab und durch Henhöfers Seelsorge zum Glauben kam. Das geschah 1842, im Jahr der Erweckung in Spöck. Georg Friedrich Seeland wurde am 19. November 1818 in Spöck geboren. Er verheiratete sich am 21. August 1859 mit Ernstine Mangold. Der erste Sohn Georg Friedrich starb 1861 am Tag seiner Geburt. Das zweite Kind, eine Tochter Frieda, wurde ein Jahr alt. Am 11. Dezember 1864 wurde der Sohn Johannes Augustinus geboren. Er starb am 12. Juli 1867. Das vierte Kind Max Samuel lebte nur vom 29. November bis zum 1. Dezember 1867. Von diesem schmerzlichen Erleben findet sich nichts in den Erinnerungen, die Georg Friedrich Seeland in seinem Alter niedergeschrieben hat.

Am 22. Januar 1888 erschien im »Reich-Gottes-Boten« ohne Nennung seines Namens sein erster Bericht unter dem Wort Hebräer 13, 7: »Gedenket eurer Lehrer, die euch das Wort Gottes gesagt haben. Ihr Ende schauet an und folget ihrem Glauben nach.« Dann heißt es: »Dieser Aufforderung möchte auch ein alter Bruder nachkommen, wenn er auf den ausdrücklichen Wunsch jüngerer Brüder aus der gesegneten Wirksamkeit des unvergesslichen Pfarrers Henhöfer und aus seinen eigenen Erlebnissen einiges mitteilt. Während die meisten Brüder, die durch diesen Knecht Gottes zum Glauben an den Herrn Jesus gekommen sind, schon längst in der seligen Ewigkeit sind, möchte er zur Ehre des Herrn dem jetzt lebenden Geschlecht aus jenen Segenstagen einiges ins Gedächtnis rufen.«

Im »Reich-Gottes-Boten« vom 4. April 1897 wird auf Seite 56 mitgeteilt, dass Kirchengemeinderat Georg Friedrich Seeland in Spöck selig entschlafen ist. Auf Seite 54 steht sein zweiter Bericht: »Aus der Wirksamkeit Henhöfers. Erinnerungen des in diesen Tagen heimgegangenen Bruders Seeland in Spöck.« Das Wichtigste aus beiden Berichten ist im Folgenden zusammengefasst.

Rückblick auf Henhöfers Wirksamkeit in Spöck

»Es ist mir heute noch eine Freude, und das Herz lebt mir neu auf, wenn ich nur Henhöfers Namen höre; denn er war für unsre Hardtgegend, ja fürs ganze badische Land ein Segensmann. Er hat durch die Art und Weise seiner Predigt vielen Seelen zur Buße und zum Glauben und so zu ihrem zeitlichen und ewigen Heil geholfen. Als Henhöfer noch Pfarrer in Graben war, strömte alle Sonntage ein großer Teil der Gemeinde in Spöck nach Graben, um seine Predigt zu hören, so auch mein Vater. Große Freude machte es, als er im Jahr 1827 zum Pfarrer in Spöck berufen wurde. Ich war damals neun Jahre alt. Am Tag seines Aufzugs wollte man ihn ehrenvoll abholen. Eine Anzahl Reiter zogen ihm entgegen. Als sie ihn nicht fanden, kehrten sie wieder um, und als sie heimkamen, war er schon im Pfarrhaus eingezogen. Er hatte einen anderen Weg eingeschlagen, um alles Aufsehen zu vermeiden.

Unser früherer Pfarrer war wohl ein guter Mann, der viel für die Armen tat, aber seine Predigt war nur Gesetz. Wenn Kirchweih war, so sagte er immer den Leuten, sie sollen doch ordentlich sein, keine Händel und Schlägereien anfangen, keinen Mord und Totschlag begehen. Und doch gab's in der Regel jeden Sonntag Streit, Händel und Schlägerei, und vor dem Pfarrhaus wurde immer der Schluss gemacht. Ebenso herrschte ein fürchterlicher Aberglaube in der Gemeinde. Selbst meine eigene Mutter hat in ihrem früheren, unbekehrten Zustande mir, wenn ich ungehorsam war, oft vorgeworfen: ›Was hast du mir für Arbeit gemacht! Wie oft habe ich dich nach Graben zum Gabriel (dem Hexenmeister der Umgegend) getragen und habe dich besprechen lassen!‹ Und viele andere sind mit ihr gegangen.

Durch Henhöfers Amtsführung wurde es ganz anders, als es vorher war. Er war in keine gute Gemeinde gekommen. Die Macht der Finsternis und das Elend war sehr groß. Es waren fünf bis sechs Kegelbahnen da, wo vom Frühjahr bis zum Spätjahr alle Sonntage gespielt wurde, um Geld zu gewinnen. Das war eine große Sabbatschändung. Bei Hochzeiten, besonders dann, wenn die Leute ein wenig vermögend waren, war Tanzmusik. Die Musikanten begleiteten die Hochzeitsleute zur Kirche und holten sie wieder von dort ab. Dann ging's ans Essen und Trinken, oft die ganze Woche hindurch. Das gab Schulden.

Diese Unsitten bei Hochzeiten wie auch an Kirchweihen auszurotten, kostete Henhöfer viele Mühe. Auch das Wirtshausleben war hier wie in der Umgegend sehr groß. Seine erste Waffe, die er gegen alle diese Schäden anwandte, war das Gebet. Er flehte zu unserem Herrn und Heiland, dem Mittler und Erlöser, der gesagt hat: ›Siehe, ich mache alles neu‹, und er fand Erhörung.

Henhöfer konnte den Himmel recht süß und die Hölle recht bitter machen. Da ging's dann wie überall, wo das Evangelium rein und lauter verkündigt wird. Die Menge spaltete sich in zwei Teile; der eine wurde Freund, der andere Feind des Evangeliums. So ging es auch in den Nachbargemeinden. Alle Sonntage kamen mehr Zuhörer von auswärts. Wenn schöne Witterung war, wurde das Kirchlein oft so voll, daß nicht alle sitzen konnten und einander ablösen mussten. Aber auch die Feinde regten sich und ließen sich hören.

Als die Pfarrer in den Nachbargemeinden sahen, dass ihre Leute in der Kirche fehlten, weil sie nach Spöck gingen, verklagten sie Henhöfer beim Oberkirchenrat. Er aber gab zur Antwort: ›Die Pfarrherren sollen ihren Kindern auch gut Brot backen, dann werden sie bei ihnen bleiben.‹ So hatte Henhöfer seine Kämpfe nach innen und außen. Er arbeitete unter Freunden und Feinden. Er hätte eben gern alle zu Freunden des Reiches Gottes gemacht und wollte die großen Schäden aus der Gemeinde verbannt sehen. Oft sagte er: ›Der Mensch ist wie ein hagebuchener Stumpen; da kann man hinhauen und hinhauen. Man meint oft, es sei alles vergeblich, bis er endlich fällt.‹

Er redete gern in Bildern. So sagte er einmal: ›Der Maulwurf im Garten muss gefangen werden. Es hilft nicht, wenn man alle Tage die Haufen eben macht. Sie kommen immer wieder, wenn man den Maulwurf leben lässt. Ebenso muss der Maulwurf im Herzen gefangen und vertrieben werden, wenn man ein anderer Mensch werden will. Freilich, mit unsrer Macht ist nichts getan, aber in Christi Kraft vermögen wir alles.‹

In allen seinen Predigten war das teure Wort Gottes sein Fundament. Er fing oft beim Sündenfall an und zeigte, dass im Menschen nichts Gutes, sondern nur Böses wohne und dass Gott schon damals aus lauter Gnade und Barmherzigkeit Seinen lieben Sohn verheißen habe, der uns von Sünden erlösen und das Heil erwerben solle.

Wie ernst und eindringlich hat Henhöfer gepredigt! Er sagte manchmal: ›Der Mensch rennt in seiner Blindheit fort bis in die Ewigkeit hinein, bis er erst drüben, aber zu spät, zum Erwachen kommt.‹ Sein Ruf: ›O Ewigkeit, du Donnerwort! o Schwert, das durch die Seele bohrt!‹ ging einem durch Mark und Bein, auch wenn er sagte: ›Wenn ein Vögelein alle hundert Jahr einmal käme und holte vom Michelsberg drüben ein Sandkörnlein, so würde es doch einmal ein Ende nehmen, aber die Ewigkeit hat kein Ende.‹ Das schlug tief in die Herzen ein.

Wenn Henhöfer vom Hochmut redete, so konnte er sagen: ›Betrachtet einmal einen solchen Hochmutsnarren, wie er sein Käpplein auf der Seite sitzen hat, wie er den Nastuchzipfel aus der Tasche heraushängen lässt, wie er die Sackuhrenkette herumhängt, die lange Pfeife raucht und dergleichen. In solchen Dingen lebt der hochmütige Mensch.‹ Er redete auch darüber oft scharf, wie durch das Wirtshausleben der Tag des Herrn sehr entheiligt werde und der Segen des Herrn aus den Familien und den Gemeinden weiche.

Wenn Henhöfer in solch ernster Weise die Sünden gestraft hat, da hätte man meinen sollen, es sollte allen zu Herzen gehen und sie sollten Hilfe und Rettung suchen, aber es ging wie dort bei Paulus. Etliche hingen ihm an, andere spotteten und wurden seine Feinde, und zu diesen gehörte leider auch ich in meiner Blindheit.

Eines Sonntags kamen Leute von Linkenheim und Blankenloch. Weil sie nicht mehr läuten hörten, fragten sie einen Mann, der vor seinem Hof stand, ob man schon in der Kirche sei. ›Ja‹, sagte er, ›gehet nur hin, er verdammt schon den ganzen Morgen!‹ Sie gingen in die Kirche und hörten ihn predigen von der Macht der Sünde und des Teufels, aber auch von der noch viel größeren Macht der Gnade Gottes in Christus Jesus, wie wir uns derselben nicht würdig machen können durch gute Werke, sondern wir sollen eben als arme, mühselige und beladene Sünder zu Jesus kommen. Wir sollen aus uns selbst hinausgehen und Christus allein fassen und im Glauben ergreifen. Wenn wir ihn haben, ist auch sein Leben, seine Gerechtigkeit und Heiligkeit, der Himmel und die Seligkeit unser. Dann kann der Teufel mit allen seinen Anklagen nichts mehr machen. Wir sind nun Kinder Gottes und freie Leute geworden, in denen Christus lebt, herrscht und regiert.

So predigte Henhöfer gewaltig Buße zu Gott und den Glauben an Jesus Christus, den Gekreuzigten, und das wirkte. Der größte Teil der Gemeinde wurde gläubig. Es wehte und waltete der Heilige Geist in den vierziger Jahren bis in die fünfziger hinein.

Die Kegelbahnen und die Tanzmusik bei Hochzeiten und an der Kirchweih verschwanden ganz. Auch das Wirtshausleben wurde weniger. Ein Mann, den ich sehr gut kannte, sagte einmal: ›Es ist eine Schande in der Gemeinde, bei Tag durchs das Dorf ins Wirtshaus zu gehen; ich muss hintenherum durch meinen Garten.‹

Durch Henhöfers Predigten kam Licht und Leben in die Gemeinde und in die ganze Umgegend. Die Totengebeine fingen an, sich zu regen und zu bewegen. Der Feind suchte wohl auf verschiedene Weise das Licht auszulöschen und das neue Leben zu ersticken, aber die Feindschaft diente nur dazu, dass die erweckten, aufrichtigen Seelen entschieden aus der Welt heraustraten, sich enger aneinander anschlossen, zusammenkamen, miteinander beteten und sich gegenseitig im Wort Gottes erbauten. Zuerst waren es nur wenige, aber nach und nach entstand eine große Versammlung. Das Fluchen auf dem Feld verstummte. Händel und Schlägereien hörten auf, und in den Häusern wurde regelmäßiger Hausgottesdienst eingeführt.«

Wie Seeland zum Glauben kam

»Ich selbst war ein Feind geworden und hätte Henhöfer gern wieder fortgehen sehen; aber er ging nicht. Die Feindschaft wurde größer in meiner Seele. Ich war kein grober Sünder, aber ein feiner. Ich kam nach außen in keinen Fall hinein, aber mein Dichten und Trachten war irdisch und fleischlich. Das Wort Gottes aber sagt: ›Fleischlich gesinnt sein ist eine Feindschaft wider Gott.‹ Als ich 21 Jahre alt war, wurde ich unruhig in meiner Seele. Ich merkte, dass es so nicht fortgehen könne, und sagte mir: ›Was fang ich an?‹ Ich dachte, die Unruhe werde schon wieder weichen; aber sie verging nicht. Dann zog ich mich von allen Bekannten zurück und dachte: ›So muss es doch anders werden.‹ Es wurde aber auch so nicht anders, ja vielmehr noch ärger. Die Feindschaft in meiner Seele wurde mir immer klarer, und ich sah, dass es die Feindschaft gegen Gott selbst sei. Ich erschrak und hatte Tag und Nacht keine Ruhe. Ich aß nicht mehr recht und verlor die Kraft zur Arbeit. Meine Mutter fragte mich, was mir sei. Ich sagte wenig. Dann fragte sie: ›Was suchst du denn?‹ Ich sagte: ›Ich suche Wahrheit.‹ Meine Mutter konnte mir aber nicht helfen.

Nach drei Jahren kam mir der Gedanke, ich sollte zum Herrn Pfarrer gehen und ihm meine Not klagen. Ich tat es zwar nicht gern, weil ich bisher nicht auf seiner Seite war; aber die Not trieb mich dazu. An einem Abend ging ich zu ihm hinüber und sagte ihm alles, meine ganze Not und besonders die Feindschaft in meinem Herzen gegen Gott: ›Ich fühle immer eine heftige Liebe und Lust zur Welt und zu dem, was in der Welt ist, und gar keine Liebe zu Gott, der doch mein Schöpfer ist. Ich stehe da und hänge zwischen Himmel und Erde und habe keinen Boden unter den Füßen.‹ Da sagte er zu mir: ›Sieh, du stehst jetzt auf einer Brücke; mach, dass du hinüberkommst!‹ Ich sagte: ›Herr Pfarrer, ich weiß nicht, was Brücke und was hüben und drüben ist.‹ Hierauf fragte er mich: ›Weißt du nichts mehr aus deinem Unterricht?‹ Ich erwiderte: ›Ich weiß nichts mehr, es ist alles fort; ich muss eben anders werden!‹ Unter dem Gespräch, das etwa eine Stunde dauerte, wurde es Nacht, und ich wollte gehen. Da sagte er: ›Ja, geh jetzt heim, und wenn du heimkommst, so beuge deine Knie vor Jesus und rufe ihn an, er möchte dir Licht schenken.‹ Ich sagte: ›Ja, Herr Pfarrer, ich will's tun; aber gedenken Sie auch meiner in meiner schweren Lage!‹

Bevor ich zu Bett ging, warf ich mich nieder vor dem Herrn und bat ihn, er möchte mir doch helfen und mir Licht schenken. Und was geschah? Als ich so betete, kamen mir die Worte in den Sinn: ›Gott hat den, der von keiner Sünde wusste, für uns zur Sünde gemacht, auf dass wir würden in ihm die Gerechtigkeit, die vor Gott gilt.‹ In diese Worte lernte ich zum erstenmal in meinem Leben – ich war damals 24 Jahre alt – so hineinsehen, dass ich erkannte, wie mein ganzer böser Schaden und alle meine Sünden auf meinen Mittler Jesus Christus gelegt sind. Durch seinen vollkommenen Gehorsam im Leben, Leiden und Sterben hat er meine Schuld bezahlt, meine Strafe getragen und mir eine Gerechtigkeit erworben, die mir Gott im Glauben ebenso zurechnet, wie er ihm meine Sünden zugerechnet hat. Deshalb will er mich nicht mehr als Sünder, sondern in seinem Sohne als gerecht und heilig ansehen. Da kam auf einmal Friede und Freude, ja Seligkeit in mein zerschlagenes, von Traurigkeit erfülltes Herz. Ich habe mir das ganze Verdienst Christi so zueignen und mich in seine vollkommene Gerechtigkeit eingekleidet denken können, dass Gott, der heilige und gerechte Richter, um seines lieben Sohnes willen an mir armem Sünder nichts Verdammliches, keinen Tadel und keinen Makel mehr findet. Das war ein ganz anderer Zustand als vorher, voller Friede und Freude im Heiligen Geist.

In jener Nacht konnte ich nicht viel schlafen. Mein Herz war voll von Lob und Dank. Als ich morgens in die Stube kam, nahm ich gleich die Bibel zur Hand. Da kam mir alles ganz anders, ganz neu vor. Mit dieser Erkenntnis Jesu Christi ging mir eine ganz neue Welt auf. Als ich in Luthers Kleinem Katechismus, den ich in der Schule gelernt hatte, die Frage las: ›Welches Glaubens bist du?‹, sagte ich zu meinen Eltern: ›Seht, von heute an bin ich erst ein Christ; vorher war ich auch einer, aber ein toter, nun aber ein lebendiger.‹ Auch die Natur sah ich mit ganz andern Augen an. Überall sah ich die unendliche Schöpfermacht Gottes, in jedem Tautröpfchen am Grashalm ein Wunder der göttlichen Güte und Allmacht. Da wurde ich erinnert an ein Wort Henhöfers: ›Der natürliche Mensch schaut die Schöpfung Gottes an wie die Kuh ein Scheunentor!‹ Kurz, ich war wie neugeboren in die Ewigkeitswelt hinein.

Ich habe geglaubt, so werde es fortgehen. Jetzt sollte alles rein und sauber zugehen ohne Anfechtung und Versuchung zur Sünde, weil es mir ein rechter Ernst war und ich mich in Christus Jesus rein und heilig ansehen konnte. Doch nach kurzer Zeit kam es ganz anders. Ich betete und las Gottes Wort, aber in meinem Innern wurde es dunkler. Dann kam auch die alte Lust zur Sünde wieder, sodass ich nicht wenig erschrak. Es ging mir, wie Woltersdorf in einem Lied sagt: ›Aber Satans List, die sehr wachsam ist, weiß mir längst verfluchte Sachen wieder schön und süß zu machen; Lüste regen sich und bezaubern mich.‹

Als ich in jenen Tagen einmal am Pfarrhaus vorbeiging, fragte mich Henhöfer: ›Wie geht's?‹ Ich erzählte ihm, wie ich in Jesus Frieden und Freude gefunden habe, worüber er sich sehr freute. Doch sprach ich mit ihm auch über meinen jetzigen Zustand. Da sagte er: ›Liebes Kind, ich will dir sagen, was du zu tun hast. Allein kannst du nicht stehen. Das Kind ist geboren, aber es muss gehütet sein. Schau dich um nach einem Bruder, zu welchem du am liebsten gehst.‹ Ich liebte alle Brüder, aber zu einem hatte ich das meiste Zutrauen. An den hielt ich mich, und der liebte auch mich sehr und nahm sich meiner an. Die Predigten von Henhöfer, in denen er immer in den Glauben an Christus hineinführte, waren bei dem Gefühl meiner Sünde immer das Beste für mich. Im Umgang mit dem genannten Bruder wie auch mit den andern lernte ich erkennen, wie es im Christenleben zugeht, wie Christus im Herzen sein kann und doch auch noch die Sünde, Christus oben als Herrscher und Regierer, die Sünde unten zu seinen Füßen.

Henhöfer brachte öfter das Bild vom Acker. Der Acker ist von Haus aus wild; dann wird er gepflügt und eingesät. Der Same geht auf und wächst, aber das Unkraut kommt hernach auf. Da sieht man beides im Acker, die Frucht oben, das Unkraut unten. Die Sünde ist noch da, aber man liebt sie nicht mehr, man hasst sie und kämpft täglich dagegen. Das hat mich sehr befestigt in der Wahrheit, und so bekam ich Kraft, mit der Welt und ihren sündigen Gewohnheiten entschieden zu brechen, mich ganz an die Brüder anzuschließen und die Versammlungen regelmäßig zu besuchen. So erfuhr ich immer mehr: ›Es ist ein köstlich Ding, dass das Herz fest werde, welches geschieht durch Gnade.‹ Ich hatte wohl fürchterliche Kämpfe mit der Sünde, die in mir wohnt, noch durchzumachen, aber durchs Gebet und durch Ringen mit dem Herrn um Seine Gnade bekam ich immer wieder Trost und Frieden, Mut und Kraft zum Überwinden. Auch Henhöfer bezeugte es, dass dieser Kampf des Glaubens bleibt, bis man mit der Schaufel kommt.

Eins möchte ich noch erwähnen. Ich bin arm aufgewachsen bei meinen Eltern, aber in meinen späteren Jahren hat mich der Herr auch im Leiblichen gesegnet, sodass ich in meinem hohen Alter ohne Sorgen bin und auch an mir das Wort wahr wurde: ›Die Gottseligkeit ist zu allen Dingen nütze und hat die Verheißung dieses und des zukünftigen Lebens.‹

Nach Mitteilung dieser Erlebnisse will ich jetzt schließen. Nach vielen Jahrzehnten, die ich durch Gottes Gnade erlebt habe, stehe ich noch heutigen Tages im Kampf und in der Arbeit, während meine Brüder im Herrn fast alle schon beim Herrn sind und nun schauen dürfen, was sie hier geglaubt haben. Auch mich verlangt sehr, beim Herrn zu sein, wo gänzliche Freiheit von Sünden, völlige Freude und Seligkeit ist. Aber ich will warten, beten, kämpfen und ringen, bis er auch mich zur Ruhe des Volkes Gottes einführt. Alles, was ich hier erzählt habe, ist ein Wunder Gottes vor meiner Seele. Ich kann gar nichts rühmen als: ›Mir ist Erbarmung widerfahren, Erbarmung, deren ich nicht wert!‹

Möchten doch alle durchs Blut Jesu so teuer erkauften Seelen diesen Weg gehen, wenn's auch durch mancherlei Nöte und Kämpfe geht. Der Herr hilft und führt alles herrlich hinaus. Ihm sei Lob und Dank und Preis und Ehre in Ewigkeit!«

Im Revolutionsjahr 1849

Im Mai 1849 kam es in Baden wie schon im März und im September 1848 zu einem Aufstand gegen die Regierung. In Henhöfers Gemeinden schloss sich niemand den Freischärlern an. Das verübelten sie ihm und hätten ihn gern gefangen genommen. Außerdem ärgerten sie sich darüber, dass er weiterhin für Großherzog Leopold betete, den sie verjagt hatten.

Eines Tages kommt ein großer Haufe Freischärler unerwartet ins Dorf. Der Weg geht stracks auf das Pfarrhaus zu. Schon sind sie im Pfarrhof und stürmen gleich ins Haus hinein. Henhöfer hat sie kommen sehen. Er eilt durch die Hintertür in den Garten, wo er sich hinter einem Holzhaufen versteckt. Das Versteck ist so klein und eng, dass er kaum atmen kann.

Die Freischärler durchsuchen das Haus von oben bis unten. Dabei gehen sie nicht freundlich mit der Pfarrfrau um und bedrängen sie mit der Frage, wo denn ihr Mann sei. Sie kennt ja sein Versteck nicht und kann getrost sagen: »Ich weiß es wirklich nicht.« Die Freischärler durchsuchen auch den Garten und kommen am Holzhaufen vorbei. Henhöfer hört ihre Stimmen, aber keiner findet ihn.

Sobald es ging, verließ Henhöfer Spöck, nahm seinen Weg durch die Ährenfelder und kam an den Bahnhof von Weingarten. Der Ort war von Freischärlern besetzt. Hier rettete ihn nur die Geistesgegenwart des ihm wohlgesinnten Bahnwarts, der ihn auf einem Umweg über den Bahnkörper brachte. Henhöfer entkam nach Stuttgart. Als es mit den Aufständischen zu Ende ging, machte er sich auf den Weg nach Mühlhausen. Dort wurde er von Pfarrer Zimmermann, Hagers Nachfolger, freundlich aufgenommen.

Seine Ankunft in Mühlhausen blieb nicht verborgen. Schon planten einige einstige Widersacher einen Sturm auf das Pfarrhaus, um sich seiner zu bemächtigen. Pfarrer Zimmermann erhielt von diesem Anschlag Kenntnis, verschwieg es aber Henhöfer und ließ ihn ruhig schlafen. Einige treue Männer kamen zu seinem Schutz ins Pfarrhaus, verwahrten die Tür und wachten unter Gebet, bis der neue Tag anbrach.

Am Morgen sollte Henhöfer auf einem Fuhrwerk in Sicherheit gebracht werden. Als man schon ein gutes Stück des Weges gefahren war, merkte man plötzlich, dass die Fuhrleute sich verfahren hatten. Sie kehrten aber nicht wieder um. Dieser Umweg war ein Weg Gottes, durch den sie vor einem Hinterhalt bewahrt wurden, den einige katholische Burschen gelegt hatten.

Am 26. Juli 1849 schrieb ihm seine Frau:»Nur mit wenigen Worten will ich Dir sagen, dass bei uns seit heute wieder alles ruhig ist. Wir hatten von Sonntag bis Montag zweitausend Preußen allein in Spöck. Wir hatten alle Stabsoffiziere, der Major hatte unser Wohnzimmer. Die ganze Nacht gingen Stafetten ab und zu. Im Hinterzimmer lagen zehn Bedienstete, oben lagen die übrigen Herren. Fünfzehn bis zwanzig hatte fast jeder Bürger.

Was uns anbetrifft im Hause, können wir nur in Demut die Gnade und väterliche Liebe Gottes loben und preisen, denn er hat uns wunderbar durchgeholfen. Komm ja recht bald! Dies wünschen alle, besonders aber Deine L. H.«

Viel schlimmer erging es manchen jüngeren Freunden Henhöfers. Der 29-jährige Pfarrverweser Adolf Sabel in Hochhausen am Neckar wurde am 15. Juni 1849 von vier bewaffneten Bürgerwehrmännern verhaftet. Unterwegs sagte ihm der Bürgermeister von Aglasterhausen, ein Revolutionär, er sei einer jener schändlichen Wichte, die das ganze Jahr hindurch das Volk anlügen und um seine Freiheit zu betrügen suchen. Diesmal aber werde er seinen verdienten Lohn erhalten. Wenn ihm das nicht gewiss wäre, würde er ihn gleich auf der Stelle zusammenhauen. Im Gefängnis in Heidelberg musste er acht Tage hinter Schloss und Riegel verbringen. Dort bekam er folgendes Gedicht des Kriegskommissärs Hexamer, des Redakteurs der»Republik«, in die Hand:

Rot Blut muss stromweis fließen,
darin wir können baden,
Minister muss man spießen
und Könige köpfen, braten.
Wir sind so lang geknechtet,
wir sind so lang gekränkt,
bis an des letzten Pfaffen Darm
der letzte König hängt.

Noch in der letzten Nacht vor der Befreiung wollten betrunkene Aufständische das Gefängnis stürmen, um vor ihrem Abzug die noch in Haft befindlichen »Reaktionäre« und »Pfaffen« zu hängen. Doch das eisenbeschlagene Tor gab nicht nach.

Bürgermeister Zwecker in Linkenheim, der mit Henhöfer eng verbunden war, wurde von der provisorischen Regierung seines Amtes enthoben. Freischärler führten ihn ins freie Feld hinaus, um ihn zu erschießen. Von einer außerordentlichen Geisteskraft beseelt, rief er aus: »Ihr schießt mich nicht tot. Ich stehe unter einem anderen Schutz.«

Nach diesen Erfahrungen schrieb Henhöfer einen Artikel unter der Überschrift: »Baden und seine Revolution. Ursache und Heilung.« Er erschien im christlichen Volksblatt für das Rheinland »Das Reich Gottes« in vier Fortsetzungen vom 6. bis 27. September 1849. Darin heißt es:

»Die tiefste Ursache ist kurz und mit einem Wort gesagt der *Abfall* von Gott und seinem Gesalbten, der Abfall von Christus und seinem Wort, der Unglaube.« Die Heilung: »Zu Christus, dem einzigen Heiland der Völker, müssen wir kommen, zu ihm müssen wir zurück, wenn uns geholfen werden, wenn es uns wohl gehen soll.«

Henhöfer wird misshandelt

»Misshandlung in Büchenau«: Unter dieser Überschrift schrieb Henhöfer am 2. April 1850 an das Großherzogliche Landamt in Karlsruhe über das in dem zwei Kilometer von Spöck entfernten Dorf Vorgefallene:

»Es war Mittwoch, den 20. Februar 1850, dass ich in dem Orte Büchenau unterhalb dem Engel, als ich mit meiner Frau von der Eisenbahn kommend abends halb 7 Uhr in der Dämmerung und beim Mondschein nach Hause ging, von einem Individuum – ob durch einen Schlag oder durch einen Wurf mit einem Stein auf den Kopf, weiß ich nicht – also misshandelt wurde, dass ich schreiend und halb bewusstlos an eine Mauer hintaumelte, wo ich mich jedoch bald wieder erholte. Meine Frau, voller Schrecken, eilte nur mir zu Hilfe, und bis sie den Hut aufgehoben und nach mir sich umgesehen hatte, war der Täter entflohen. Er war uns längere Zeit hintennach gefolgt, aber da wir arglos waren, auch es nicht wohl für möglich hielten, dass man mitten im Orte und beinahe noch bei Tage Misshandlung erfahren sollte, so achteten wir im Gespräch nicht auf ihn und gingen ruhig und ohne umzuschauen langsam unseres Weges fort. In der Nähe einer Seitengasse angekommen, hörten wir die Tritte so dicht hinter uns, dass wir glaubten, er wolle vorlaufen, und in diesem Augenblick erhielt ich den Schlag. Bis wir uns etwas erholt hatten, sprang der Täter schon in die Seitengasse, und wir sahen ihn nur noch von ferne. Auch zwei Mädchen von Büchenau, die auf der Straße waren, sahen und hörten den Vorgang, aber den Täter wollten sie ebenfalls nicht erkannt haben.

Es sind nun bereits 23 Jahre, dass ich in hiesiger Gemeinde stehe, und in dieser langen Zeit bin ich selten ohne Spott und Beschimpfung durch diesen Ort gekommen. Habe ich die Leute gegrüßt, so hat mir bald dieser, bald jener mit Spott oder Schande geantwortet, habe ich es unterlassen, so haben sie nachgepfiffen oder sonst gespottet. Einmal haben mir zwei junge Leute, denen ich ihren Spott auf meinen freundlichen Gruß nur mit wenigen und gelinden Worten verwies, mit Schlägen gedroht. Selbst in meinen Gemeinden, wenn sie in Wirtshäusern waren und ich außen vorbeiging, haben sie, wenn sie mich gewahr wurden, angefangen zu juchzen und zu schreien. Diesen ihren Haß trugen sie selbst auf solche über, die zum Besuch hierher kamen. Das Großherzogliche Oberamt Bruchsal erließ deshalb schon unter dem 27. März 1846, Nr. 10285, auf die Klage des evangelischen Geistlichen an der Strafanstalt zu Bruchsal, Pfarrer Heintz, eine Verfügung zum Schutze desselben. Einen Geistlichen von Weinheim, der sonntags früh hierher zur Kirche kam, wies man auf einen verbotenen Weg, wodurch er zur Strafe gezogen wurde. Gleiches geschah mir selbst. Bis auf Schulkinder herab wurde mir mit Spott und Hohn begegnet. Ich ertrug dies alles bisher still und mit Geduld, da es aber jetzt zu Tätlichkeiten kam und zwar zu solchen, dass, wenn der Wurf oder Schlag etwas tiefer gefallen wäre, die Sache von sehr üblen Folgen hätte sein können, so machte ich gleich am andern Tage Anzeige an das Großherzogliche Oberamt Bruchsal mit der Bitte, doch dafür zu sorgen, dass ein alter Mann und öffentlicher Diener der evangelischen Kirche, zu der sich doch auch ein großer Teil des Landes und selbst der Fürst bekennt, nicht dem Spott oder gar der Misshandlung, wie hier geschehen, ausgesetzt werde. Was geschehen, weiß ich nicht. Ich weiche dem Orte aus, so viel ich kann; wenn ich aber nach Bruchsal oder zur Eisenbahn ins Unterland will, kann ich es nicht. In keinem

Orte der Umgegend ist so viel Religionshass als hier, aber auch keine jungen Leute der benachbarten Orte, wenn sie hierher in Wirtshäuser kommen, sind schreiender und roher als die von Büchenau. Davon kann das ganze Ort, davon können besonders die zeugen, die um die Wirtshäuser herum wohnen. Selbst sonntags und feiertags nachmittags während der Kirche sitzen sie schon in den Wirtshäusern und oft schreiend in der Nähe der Kirche. Unsere Polizei, scheint es, fürchtet sich vor ihnen. Wenn sie hier ausgeschrieen haben, ziehen sie meistens nachts auf gleiche Weise wieder ab. Zur Ausmittelung des Täters wird wenig Hoffnung sein, da niemand zeugen will, ja es hieß sogar, der Bürgermeister von Büchenau habe alsbald nach erhaltener Nachricht von dem Vorfall in allen Wirtshäusern umgeschickt, ob man nicht etwa einen Spöcker fände, um die Schuld auf diesen schieben zu können.

Es ist aber in hiesiger Gemeinde niemand, auch nicht der Ruchloseste, der solcher Tat fähig wäre und sich an einem Geistlichen zu vergreifen, gleichviel welcher Kirche er angehörte, im Stande wäre. Es liegt mir für meine Person an der Ausmittelung und Bestrafung des Täters auch nichts, aber daran liegt mir, dass ich wenigstens Sicherheit erhalte, wenn ich genötigt durch dieses Ort gehe oder die mir dort zugewiesenen Evangelischen etwa im Dienste besuchen muß.« (Original: Evangelisches Pfarramt Spöck)

Mutter Regine Jolberg (1800–1870) in Leutesheim und Nonnenweier

Regine Jolberg aus Frankfurt war die Tochter jüdischer Eltern. Auf schweren Wegen war sie zum Glauben an Christus gekommen. Zweimal verwitwet, lebte sie mit ihren Töchtern in Leutesheim bei Kehl. Dort fing sie in Verbindung mit Pfarrer Fink und seiner Frau an, sich um die Pflege von Vorschulkindern zu bekümmern.

Anfang Januar 1844 begann Pfarrer Karl Mann mit der Herausgabe des neuen Blattes »Das Reich Gottes«. Vom 20. April an wurde sein Aufruf »Weide meine Lämmer!« abgedruckt. Darin legte er es den Lesern nahe, sich der noch nicht schulpflichtigen Kinder anzunehmen, die im Sommer weithin sich selber überlassen waren. Er berichtete, dass bis jetzt drei »Kinder-Säle« bestehen: in Leutesheim, in Mühlhausen an der Würm und in Binzen. »Kurze

Mitteilungen über deren Gründung, die Bildung der Lehrerinnen und die Kosten wären uns zur Aufmunterung für andere angenehm.«

Als sein Aufsatz »Weide meine Lämmer!« schon im Druck war, bekam Karl Mann von Frau Regine Jolberg in Leutesheim einen Artikel zugesandt: »Ein Wort der Liebe über Kinderschulen auf dem Lande«. Auch sie weist darauf hin: »Von früh bis spät müssen die Eltern aufs Feld; kommen sie heim, so drängen sie die häuslichen Geschäfte. Nie bietet ihr Leben Ruhe und Stille, sich der Kinderzucht zu widmen. Wie viel gehörte auch dazu, es im rechten Geiste zu tun! Wie beruhigend wäre es für die Eltern, wenn sie ihre Kinder in Ruhe verlassen könnten und sie von einer durch die Liebe Christi beseelten Fürsorge aufgenommen, beschäftigt und zu Jesus geführt würden! Überall, wo solche Schulen bestehen, beweisen sie sich als segensvoll.« Dann kommt die Bitte: »Darum, liebe Schwestern, wo ihr auch zerstreut im Lande euch befindet, die ihr nicht an einen Beruf gebunden seid, prüft euch, ob ihr nicht in diesen Kleinen dem Herrn dienen könnt! Es bedarf wirklich nur eines lebendigen Glaubens, um solch ein Werk zu beginnen, denn nie ist etwas zuschanden geworden, was vom Geist des Herrn getrieben unternommen wurde.«

Damit begann eine segensreiche Entwicklung. Junge Mädchen aus den Gemeinschaften kamen zu Mutter Jolberg nach Leutesheim zur Ausbildung. Hin und her wurden Kinderschulen gegründet, und Mutter Jolberg sandte ausgebildete Kinderpflegerinnen an die einzelnen Orte.

Im Jahr 1845 wurde Karl Mann Pfarrer in Leutesheim. Als Herausgeber des Blattes »Das Reich Gottes« veröffentlichte er regelmäßig Berichte aus der Kinderpflege in Leutesheim. Am 15. Oktober 1846 fand die erste Jahresfeier in Leutesheim statt. Pfarrer Henhöfer hielt die Festpredigt über Markus 10, 14.

Im folgenden Jahr 1847 wurde die Kinderschule in Spöck begonnen, in Staffort im Jahr 1848. Im Oktober des Revolutionsjahres 1848 hielt Henhöfer beim Jahresfest in Leutesheim erneut die Festrede, die folgendermaßen begann:

»Die hiesige Anstalt feiert ihr Jahresfest, und wir sind gekommen, es mitzufeiern. Solche Feste sind *Dankfeste*, aber auch *Freudenfeste*. Es gibt bei einer Anstalt, die allein auf die Kasse Gottes angewiesen ist und täglich aus der Hand des Herrn lebt, für so gar vieles zu danken, für die Durchhilfe in allen Stücken, für zeitlichen und geistlichen Segen. Aber man freut sich auch der Treue und Barmherzigkeit unsers großen Gottes und Heilandes und der Gemeinschaft in ihm bei dem Werke, das in seinem Namen betrieben wird.

Freilich mischt sich in unsre Freude in diesem Jahre eine gewisse Furcht, wie es auch bei unsrem Missionsfest in Wiesloch ausgesprochen wurde. Grund derselben sind die Stürme, die in unseren Tagen die Welt durchbrausen, und das Bangen vor dem, was noch kommen kann und wird. Wie wird es nach Verfluss eines Jahres mit solchen Anstalten, wie wird es mit der Kirche sein? Diese Frage erfüllt uns im Hinaussehen mit Bangigkeit und Furcht. Wir bedürfen daher eines Stabes und Steckens; wir haben Trost und Aufmunterung nötig, damit wir unsre Freudigkeit nicht verlieren. Hiezu soll uns jetzt und in Zukunft der 46. Psalm dienen: ›Gott ist unsre Zuversicht und Stärke, eine Hilfe in den großen Nöten, die uns getroffen haben.‹«

Schon im Mai 1849 nahm die gesegnete Entwicklung in Leutesheim durch die Revolution ein jähes Ende. Pfarrer Mann wurde gedroht, er werde von der Kanzel heruntergeschossen, wenn er sie noch einmal betrete. Zu Mutter Jolberg und ihren Helferinnen sagten die Kinder: »Was welle denn ihr? Ihr werre jo verschosse!« Deshalb musste Mutter Jolberg mit ihren Schwestern nach Langenwinkel bei Lahr flüchten, wo sie von der Pflugwirtin Steinhauser liebevoll aufgenommen wurde, bis das von ihr begonnene Werk Ende Juni 1851 in Nonnenweier seine endgültige Heimat fand. Dort wurde Pfarrer Rein ein Vater und Berater des Diakonissenhauses für Kinderpflege.

Im Herbst 1850 sprach Henhöfer beim Jahresfest in Langenwinkel im Freien über das Wort aus 2. Mose 15, 26: »*Ich bin der HERR, dein Arzt.*« Am Anfang sagte er: »Gott erklärt nicht bloß, dass er unser Arzt sei, sondern dass auch wir krank seien und eines Arztes bedürfen. Und wahrlich sind wir krank, recht krank ist unser Vaterland, besonders in dieser unsrer Zeit. Unsre Krankheit kann nicht geleugnet werden, denn sie ist ausgebrochen und offenbar geworden. Unsre Städte sind krank und unsre Dörfer sind krank, unsre Hohen sind krank und unsre Niederen sind krank. Vom Haupt bis zu den Fußsohlen ist auch nichts Gesundes an uns.

Doch es gibt eine *Heilung* von dieser Krankheit, es gibt einen Arzt, der diese Krankheit mit allen ihren Folgen heilt. ›*Ich bin der HERR, dein Arzt‹*, so ruft Gott, so ruft Jehova uns zu. Und dieser HERR, dieser Arzt, ist der im Fleische erschienene Gottes-Sohn, es ist *Jesus Christus*, der Heiland der Menschen. Zu diesem Arzte und zu keinem andern sollen wir kommen, denn in keinem andern ist Heil und ist auch kein Name den Menschen gegeben, darinnen wir selig werden sollen, denn allein der Name Jesus. Er ruft uns auch alle zu sich, wenn er spricht: ›Kommet her zu mir alle, die ihr mühselig und beladen seid, ich will euch erquicken.‹ Er will alle heilen, denn dazu ist er in die Welt gekommen. Gott hat seinen Sohn nicht in die Welt gesandt, die Welt zu richten, sondern die Welt selig zu machen. Er kann alle heilen, denn er ist der HERR: ›Ich, der HERR, bin dein Arzt.‹ Er hat eine *Medizin* bereitet, die uns alle, die uns von allen unsern Krankheiten heilt. Am Kreuz hat er sie bereitet in jenem Feuer des Leidens, mit seinem Blut hat er sie bereitet. Diese Medizin will er uns eingeben, und er gibt sie uns ein im *Wort*, und wer sie einnimmt, wird heil, denn sie hat große Kraft. Das Evangelium von Christus ist eine Kraft Gottes, die da selig macht alle, die daran glauben (Römer 1, 16). Außer dieser Medizin heilt uns nichts. Es heilt weder Kraut noch Pflaster, sondern dein Wort, das alles heilt.«

In Nonnenweier blühte das von Mutter Jolberg gegründete Werk von neuem auf. Nach wenigen Jahren gab es Kinderschulen an 150 Orten. Kinderschwestern, die weithin aus Gemeinschaftskreisen kamen, wurden von Nonnenweier ausgesandt. Die Woche über hielten die Schwestern Kinderschule und am Sonntag die Sonntagsschule und den Jungfrauenverein. Aus dieser Arbeit sind viele Diakonissen herausgewachsen. Hin und her fanden in den Kinderschulen die Gemeinschafts- und Gebetsstunden statt, oft auch die Zusammenkünfte der Jünglingsvereine, aus denen Prediger, Missionare und Pfarrer kamen.

Die Verbindung Henhöfers mit Mutter Jolberg und Nonnenweier blieb bis zu seinem Tode bestehen. Nach seinem Heimgang erhielt Nonnenweier als Vermächtnis Henhöfers 50 Gulden.

Henhöfer und die äußere Mission

Im Jahr 1815 wurde die Basler Mission gegründet. Zu den Gründern gehörte Christian Friedrich Spittler, der Sekretär der Deutschen Christentumsgesellschaft in Basel. Schon im Jahr 1820 hörte man dort von der Erweckung in Mühlhausen. Henhöfer schrieb Anfang August 1822 seinen ersten Brief an Spittler. Es erregte in Basel Aufsehen, als der Stuttgarter Jakob Kirchner, der Henhöfer besuchen wollte, im Schloss Steinegg verhaftet worden war. Man nannte ihn »Missionär«, weil er vorhatte, ins Basler Missionshaus einzutreten. Von Spöck aus sandte Henhöfer regelmäßig Missionsgaben nach Basel. Am 3. Juni 1833 schrieb er an Spittler, Pfarrer Dietz von Friedrichstal wolle in diesem Jahr zum Missionsfest nach Basel reisen und Gaben überbringen. »Kinder und Alte trugen bei, Schulkinder, die nicht ganz arm waren, gaben wenigstens ihre zwei bis drei Kreuzer. Auch Auswärtige brachten ihre Scherflein bei.« Die Basler Missionsblätter wurden in Spöck und Staffort gelesen.

Am 1. November 1839 wurde in Neckargemünd der badische Missionsverein gegründet. Pfarrer Haag, der mit Henhöfer gegen den neuen Katechismus gekämpft hatte, und Vikar Carl Peter, der später Henhöfers Nachfolger in Spöck geworden ist, waren dabei.

Beim vierten Jahresfest 1844 in Badenweiler wurde Henhöfer zum Präsidenten gewählt. In Basel war man sehr dankbar, dass er bereit war, diese Aufgabe zu übernehmen: »Wir wünschen, dass Sie, lieber Herr Pfarrer, die Konferenzen berufen und präsidieren mögen. Tut es ein anderer, so erscheint es leicht als Parteisache. Sie haben bei aller Entschiedenheit in der Lehre so viel Liebe zu den Brüdern und ein so weites Herz, dass Sie abweichende Meinungen, wenn nur ein redliches Verlangen nach dem Herrn dabei ist, tragen können und nicht durch unzeitige Polemik den einen oder andern Teil zurückstoßen. Wir wünschen es deshalb so dringend, dass Sie persönlich die Sache in die Hand nehmen und beginnen möchten, weil gerade Sie allen Brüdern recht und lieb und teuer sind. Es ist des Herrn Sache, und seine Kraft wird Ihnen nicht fehlen trotz aller körperlichen Schwachheit.«

So war Henhöfer allezeit ein rechter Friedensstifter. Die Missionsfeste wurden Sammelpunkte des neuen geistlichen Lebens. Zu Tausenden kamen die Zuhörer, oft von weit her. Hier hielt Henhöfer treffliche Predigten. In Emmendingen kam er beim Missionsfest auf die Macht des Teufels zu sprechen und sagte: »Freilich ist der Tod und der Fürst der Welt gerichtet, aber damit ist nicht gesagt, dass ihm alle Macht genommen sei. Er ist ein angeschossener, auf den Tod verwundeter Hirsch, der die Kugel im Leib hat, der aber noch mit seinem großen Geweih rechts- und linksherum stößt und zu Fall bringt, wen er kann.«

Philipp Winnes (1824–1874) aus Staffort,
China-Missionar im Dienst der Basler Mission

Für Henhöfer war es eine große Freude, als im Jahr 1852 sein ehemaliger Konfirmand Philipp Winnes nach China zur Mission ausreiste. Philipp Winnes wurde als erstes von 13 Geschwistern am 12. September 1824 in Staffort geboren. Eine Schwester wurde »Kleinkinderlehrerin« bei Mutter Jolberg in Nonnenweier, eine andere Schwester verheiratete sich mit Pfarrer Heinrich Käß in Mühlbach, der Vikar bei Henhöfer gewesen war. Er war der Neffe von Pfarrer Christoph Käß.

Philipp als der Älteste musste bald mit an die Arbeit in Feld und Wald, weil die Eltern Winnes Mühe hatten, die große Familie zu ernähren. Sie achteten sehr auf die Erziehung ihrer Kinder und hielten sie fleißig zum Gebet und zur Gottesfurcht an. Der Vater nahm den Sohn auch an die Orte mit, wo das Wort Gottes verkündigt wurde. Obwohl die monatlich in Staffort abgehaltenen Missionsstunden einen großen Eindruck auf ihn machten, kam es bei ihm in dieser Zeit nicht zu einer Sinnesänderung, denn die guten Eindrücke wurden bald wieder verwischt.

Sein inneres Leben wurde auch während seiner Konfirmandenzeit nicht nachhaltig beeinflusst. Als er nach der Schulentlassung vor der Entscheidung zur Berufswahl stand, wollten sein Vater und auch Pfarrer Henhöfer, der ihm ein väterlicher Freund war, dass er Lehrer werden solle, wozu er auch Lust und Freudigkeit hatte. Auf diesen Beruf bereitete er sich mit Eifer vor und machte in allen Unterrichtsfächern gute Fortschritte. Durch Henhöfers Vermittlung kam er im Frühjahr 1840 für zwei Jahre an das Lehrerseminar nach Karlsruhe. Nach seinem eigenen Bekenntnis hat er sich in dieser Zeit innerlich immer weiter von Gott entfernt, doch arbeitete er fleißig und war bei Lehrern und Schülern geachtet.

Zu Beginn seines zweiten Seminarjahrs erschreckte ihn die Erklärung des Direktors Stern, dass er die Schüler in diesem Jahr nun genauer kennen lernen werde. Sein Gewissen sagte ihm, dass der Direktor und sein lieber Pfarrer Henhöfer wohl eine schlechte Meinung von ihm bekommen müssten, wenn sie ihn recht kennen würden, denn er war im Begriff, immer weiter auf dem breiten Weg zu wandeln. Die sündige Lust, der Stolz und der Wissensdünkel hatten immer mehr Macht über ihn gewonnen.

Nun fing er an zu beten, musste aber bald erkennen, dass er keine Erhörung finden konnte, denn es ging ihm nur um sein gutes Ansehen beim Direktor und beim Pfarrer. Doch er wurde durch Gottes Gnade weitergeführt und merkte, dass sein Verhältnis zu Gott nicht in Ordnung war. Von nun an bat er um Vergebung seiner Sünden und um ein neues Herz und begann, ernstlich gegen die Sünde zu kämpfen.

Er bekennt: »Es war die vorlaufende Gnade, die um diese Zeit an meinem Herzen arbeitete. Wenn der Herr nicht damals in mein Leben eingegriffen hätte, so wäre ich in gräuliche Sündenfinsternis geraten. Ich weiß nicht, wohin die Sünde mich geführt hätte.«

Nach Beendigung des zweijährigen Seminarkurses kam er auf Verlangen von Pfarrer Henhöfer als Unterlehrer nach Spöck – zwar gegen seinen eigenen Willen, aber zu seinem ewigen Heil. Im Frühjahr 1842 kam es dort bei ihm zu einem ganzen Durchbruch des geistlichen Lebens. Er selbst schildert diese wichtige Zeit mit kurzen, klaren Worten:

»Im Frühjahr 1842 war für die Gemeinde in Spöck eine Zeit der gnädigen Heimsuchung vom Herrn gekommen wie noch nie. Der Geist Gottes arbeitete an vieler Herzen, und an manchem ist es ihm gelungen, ein Gnadenwerk zustande zu bringen. Er ergriff auch mein Herz gewaltiger als früher und wirkte eine gründlichere Erkenntnis meiner Sünde, als ich sie bisher hatte. Mein ganzes Leben erkannte ich im Lichte Gottes als ein sündiges und verdammliches, das Dichten und Trachten meines Herzens als ein böses von Jugend auf. Anfänglich konnte ich vor Unruhe in meinem Innern nicht schlafen. Die Geduld Gottes, mit der er mich in meinen Sünden getragen hatte, war mir unbegreiflich. Die Worte Petri: ›Die Geduld unsers Herrn achtet für eure Seligkeit‹ waren mir teuer und wichtig. Ich weinte, betete und flehte um Vergebung meiner Sünden, worauf ich einige Erquickungen vom Herrn erhielt. Diese seligen Gefühle, glaubte ich, dürften nie verschwinden, und als sie zerrannen, wurde ich irre. Ich zerarbeitete mich ein Vierteljahr lang in der Menge meiner Wege, bis mein Herz müde und matt geworden war. Alsdann wurde es mir geschenkt, mich des Verdienstes Christi getrösten und die Vergebung meiner Sünden glauben zu können. Dadurch kam Friede und ein neues Leben in mein Herz. Aus der gläubigen Zueignung des Verdienstes des Mittlers erwuchs dieses alles. Während dieser Zeit hat mich der Herr trotz meiner Untreue in seiner Gnade erhalten und mir im Gebet, aus seinem Wort und im Umgang mit Brüdern reichen Segen geschenkt, wofür er gepriesen sei in Ewigkeit.«

Den tiefsten Einfluss auf ihn hatte in dieser Zeit sein Seelsorger, Pfarrer Henhöfer, dem er zeitlebens im Geist verbunden blieb. In der Zeit seiner Bekehrung und der ersten Liebe entstand in dem achtzehnjährigen Unterlehrer auch das Verlangen, sich dem Herrn für seine Liebe und Geduld, die er von Kindesbeinen an ihm erzeigt habe, im Dienst der Mission unter den Heiden dankbar zu erweisen. Doch es dauerte noch fast sechs Jahre, bis er sich zum Missionsdienst meldete, denn die Eltern wollten ihren Erstgeborenen, der Pfarrer seinen tüchtigen Unterlehrer und das Vaterland den Rekruten nicht ziehen lassen. Nach Beseitigung der äußeren Hindernisse und der inneren Festigung des Entschlusses, Missionar zu werden, meldete er sich im Frühjahr 1848 zum Eintritt in das Basler Missionshaus. Dort verbrachte er dreieinhalb Jahre.

Noch während seiner Studienzeit kam aus China von den beiden ersten Basler Missionaren Lechler und Hamberg die dringende Bitte um einen weiteren Mitarbeiter. Der Missionsleitung schien niemand passender dafür zu sein als der »kenntnisreiche, gesangkundige, energische und hingebungsvolle« Philipp Winnes. In der Zukunft bestätigte sich klar, dass der Herr selbst ihn für China ausersehen hatte. So wurde er am 4. Januar 1852 unter Assistenz seines geistlichen Vaters Pfarrer Henhöfer in Heidelberg ordiniert.

Nach einer 110-tägigen Reise mit dem Segelschiff kam er am 11. Mai 1852 in Hongkong an. Mit großem Eifer und Erfolg begann er das Studium der chinesischen Sprache. Oft war er von Räubern bedroht.

Im Jahr 1854 traf die Basler Missionsarbeit in China ein schwerer Schlag. Die rote Ruhr brach aus und raffte die junge Frau Lechler und den Missionar Hamberg dahin. Nur die beiden Brüder Lechler und Winnes blieben übrig, von der Krankheit sehr geschwächt. Unter diesen Umständen erwog man, die Arbeit aufzugeben. Doch die beiden Pioniere wollten an ihrem Platz bleiben. Ihre Losung hieß: »Im Glauben vorwärts!«

An diesen Nöten und Kämpfen nahm Henhöfer regen Anteil. In Staffort und in Spöck wurde viel für Missionar Winnes gebetet, auch an vielen anderen Orten.

Das Innere Chinas war damals den deutschen Missionaren verschlossen. Doch konnte Philipp Winnes im Jahr 1862 sieben Wochen im Inland zubringen und hundert Chinesen taufen, die durch den Dienst eines einheimischen Gehilfen gewonnen worden waren. Nach dreizehn Jahren war seine Kraft gebrochen. Er musste im Februar 1865 die Heimreise antreten. Es begann eine lange Leidenszeit. Vier Jahre musste er als Lungenkranker in Davos zubringen. Dabei wurde er vielen Mitpatienten zum Segen. Die letzten Monate seines Lebens hielt er sich in dem milden Klima in Cannes in Südfrankreich auf. Dort ist dieser geistliche Sohn Henhöfers am 13. Januar 1874 entschlafen.

Noch in den letzten Wochen seines Lebens war es der Name Henhöfer, der ihm immer neuen Aufschwung gab. »Seit ich krank bin«, sagte Winnes, »fühle ich einen besonderen Zug zu ihm; er betet gewiss viel für mich.« Mit großer Lebendigkeit konnte er das machtvolle Wirken dieses Gottesmannes schildern: »Seine Worte rollen daher wie Donner; sie haben einen Nachdruck, vor dem jeder Widerstand weichen muss. Schlag folgt auf Schlag, bis es ausgekocht hat, und man spürt, dass die Herzen gebrochen sind. Dann kommt's sanft und lieblich.« Bei dieser Schilderung sprach Winnes immer im Präsens, als ob Henhöfer noch unter den Lebenden weilte. Dem Ziel nahe gekommen, fühlte er gleichsam wieder den warmen Pulsschlag aus der entscheidungsvollen Anfangszeit seines geistlichen Lebens und den gewaltigen Eindruck, den das Zeugnis seines geliebten Pfarrers auf ihn gemacht hatte.

Der Evangelische Verein für innere Mission Augsburgischen Bekenntnisses

Der Evangelische Verein für innere Mission A. B. ist aus der durch Henhöfer entstandenen Erweckung herausgewachsen. Von Christian Friedrich Spittler in Basel, den Henhöfer im Jahr 1838 besucht hat, stammt das Wort: »Ja, es ist nicht genug, durch das Evangelium die Heiden zu Christen zu machen, wir müssen auch sorgen, dass unsere Christen keine Heiden werden.« Deshalb haben solche, die zum Verein für äußere Mission gehörten (gegründet 1839), zehn Jahre später den Evangelischen Verein für innere Mission Augsburgischen Bekenntnisses, den A.B.-Verein, gegründet. Dass sie sich bewusst auf dieses Bekenntnis der Reformation stellten, war ganz im Sinn Henhöfers, der bekannte, dass er nicht ins Blaue oder zu der Meinung eines Menschen hin, sondern auf die Augsburgische Konfession hin zur evangelischen Kirche übergetreten sei.

Die in der Revolution 1848/49 aufgebrochene Not führte dazu, dass die weithin durch Henhöfers Wirksamkeit entstandenen Gemeinschaften sich am 24. Januar 1849 zusammenschlossen. Die Statuten beginnen mit dem Satz:»Im Namen unseres Herrn und Heilandes Jesu Christi treten die Unterzeichneten, welche auf dem Augsburgischen Glaubensbekenntnis stehen, in einen Verein zusammen, welcher sich die Aufgabe stellt, mit Hilfe seines unsichtbaren Oberhauptes gegen das jetzt herrschende geistliche und leibliche Verderben anzukämpfen und aus demselben zu retten.« Zu diesem Zweck sandte der neue Verein Sendboten aus, Reiseprediger genannt.

Die Jahresfeste des A.B.-Vereins wurden jeweils an Orten gehalten, wo eine große Kirche war und der Pfarrer der Gemeinschaft freundlich gegenüberstand. Besonders gern kam man in Heidelsheim zusammen, als Johann Michael Nüßle (1799–1879) im Jahr 1857 dort Pfarrer geworden war. Am Mittwoch, den 22. September 1857, wurde in Heidelsheim das Jahresfest für das ganze Land gehalten. Im»Reich Gottes« heißt es darüber:

»Wahre christliche Herzensfreude in dem Herrn war die Stimmung der zweitausend Festgenossen, und wer das fröhliche Getümmel außerhalb der Kirche, die freundschaftlichen Begrüßungen, das Schließen neuer, das Erneuern alter Freundschaften mit ansah und dann die andächtigen, vergnügten Gesichter in der Kirche, das kräftige Singen der Menge miterlebte, der hat gewiss alle Vorurteile verloren, als ob die gläubigen Christen, die Pietisten, wie sie heißen, finstere, verdammungssüchtige, freudlose Menschen und Kopfhänger seien.

Die Festfeier wurde eröffnet durch eine freundliche Begrüßung und Gebet des Ortsgeistlichen, *Pfarrer Nüßle*, worauf *Pfarrer Dr. Henhöfer* von Spöck die Festpredigt hielt. Es war rührend, diesen würdigen Greis, gedrückt von der Last der Jahre, gleich einer vollen, schweren, sich neigenden Garbe, und doch noch voll Eifers und Feuers, die Kanzel besteigen zu sehen und über eine Stunde kräftig und herzinnig reden zu hören. Ein großes Stück der Geschichte unserer evangelischen Kirche in Baden knüpft sich an diesen Namen, und wie an wenig Männern unserer Zeit ist an ihm in Erfüllung gegangen, was der Herr sagt: ›Wer an mich glaubt, von des Leibe werden Ströme des lebendigen Wassers fließen.‹ Wer Henhöfer schon gehört hat, der weiß, dass er in seinen Predigten immer auf das Eine kommt, was Not tut, dass er den rechten Heilsweg zu Christus predigt als Prediger der Gerechtigkeit. So oft er diesen gleichen Gegenstand bringt, so neu und reich ist jedesmal wieder der Inhalt seines Vortrags. ›Dass ich euch immer einerlei predige, verdrießt mich nicht und macht euch desto gewisser‹, gilt von ihm wie von dem Apostel (Philipper 3, 1). ›Wenn Vater Henhöfer predigt, kann ich allemal einen ganzen Schurz voll mit heim nehmen‹, äußerte einmal treffend eine einfältige Bauersfrau. Er ging wie gewöhnlich von der Tageslosung im Hillerschen Schatzkästchen aus (Lukas 7, 47): ›Ihr sind viele Sünden vergeben, denn sie hat viel geliebt; welchem aber wenig vergeben wird, der liebt wenig.‹«

Am Mittwoch, 19. September 1860, fand das Jahresfest wieder in Heidelsheim statt. Der 71-jährige Henhöfer hielt die Festpredigt: »Der Schächer am Kreuz oder der Weg zur Gnade.« Auch diesmal hatte er den Text Lukas 23, 42 aus Hillers Liederkästlein entnommen.

Das erste Jahresfest nach Henhöfers Tod fand am 23. September 1863 in Knielingen statt, einem heutigen Stadtteil von Karlsruhe. Im »Reich Gottes« war zu lesen:

»Wir können den Bericht über dies Fest für innere Mission nicht schließen, ohne noch des Mannes zu gedenken, der bisher immer die Krone dieses Festes gewesen, der noch am letzten Jahresfeste in Heidelsheim die Festrede hielt, die vielen als sein Schwanengesang in bleibendem Andenken und, der Herr gebe es, zum bleibenden Segen unvergesslich sein wird, unseres seligen *Dr. Henhöfer.*«

Ehrendoktor der Theologie

Am 28. Juni 1856, einem Samstag, bekommt Aloys Henhöfer, seit fast dreißig Jahren Pfarrer von Spöck und Staffort, Post aus Heidelberg – eine Rolle mit einer Urkunde. Henhöfer ist von der theologischen Fakultät der Universität Heidelberg zum Ehrendoktor der Theologie ernannt worden. Sie rühmt ihn als »Bekenner und untadeligen Verkündiger des reinen Evangeliums und als den ehrwürdigen Beginner der zu dieser unserer Zeit in der Kirche unseres

Landes nunmehr fröhlich erblühenden Frömmigkeit«. Das war derselbe Henhöfer, der 25 Jahre vorher als ein Mann bezeichnet worden war, »der früher Bilder angebetet und jetzt den Buchstaben der lutherischen Dogmatik anbetet«, dem dreimal die Amtsentsetzung wegen Pietismus angedroht war, den frühere Amtsbrüder in der katholischen Kirche und manche Pfarrer in der evangelischen Kirche mit den unglaublichsten Schimpfnamen belegt hatten und der aus den Anklagen nicht herausgekommen war. Aber »wenn jemandes Wege dem HERRN wohlgefallen, so macht er auch seine Feinde mit ihm zufrieden« (Sprüche 16, 7).

Wenige Tage später bekommt Professor Richard Rothe, der Dekan der Theologischen Fakultät, Post aus Spöck:

»Hochwürdiger Herr Dekan! Als mir am letzten Samstag jene Rolle mit dem großen Gnadengeschenk zugestellt wurde, so fiel mein erster Blick auf das Wort: Doktordiplom. ›Ach Gott!‹, rief ich aus, ›da werde doch nicht ich gemeint sein; ich bin ja kein Gelehrter.‹ Als ich aber nachher die Rolle öffnete und dann beim flüchtigen Durchblick meinen Namen las, da war ich bis in mein Innerstes hinein beschämt. Woher kommt dir, einem geringen Landpfarrer, die Ehre? Hat unsere Kirche nicht tüchtigere, wissenschaftlich gebildetere und verdienstvollere Männer, denen diese Ehre viel mehr als dir gebührt? Ich bin ja doch nur ein geringer Landpfarrer, dessen ganzes Wissen darin besteht, dass er nichts weiß als Christus, den Gekreuzigten. Und wie gering und wenig ist mein Verdienst, wenn je, menschlich geredet, von Verdiensten die Rede sein kann! Von jeher zu den Geringen und Stillen im Lande berufen, für die ich mich auch allein eigne und unter denen ich auch am liebsten bin und arbeite, konnte meine Wirksamkeit keine viel größere sein als in dem stillen Kreise meines Hauses, meiner Gemeinden und der mir von Gott geschenkten Gehilfen und Freunde. Darum hat es mich aber auch so tief ergriffen und gedemütigt, dass eine so hohe und gelehrte Fakultät mit so hoher Ehre meiner gedenkt. Nehmen Sie, hochwürdiger Herr Dekan, meinen herzlichsten Dank für die mir zugedachte Ehre und bringen Sie denselben auch in meinem Namen den ehrwürdigen Vätern der Fakultät dar. Der Herr aber, aus dessen Fülle die Seinigen von jeher genommen haben Gnade um Gnade, wolle diese hohe Stelle auch in unserer Zeit und für unsere Zeit mit jener Weisheit ausrüsten, die von oben ist, damit sie stehen möge wie jene großen und gesegneten Zeugen der Reformation als eine feste Mauer wider allen Aberglauben und Unglauben, und wolle sie noch zum Segen setzen für kommende Geschlechter. Mir aber, seinem geringen Diener, wolle er aus Gnaden verleihen, durch seines Geistes Kraft auch noch etwas beizutragen in meinem kleinen Kreise zum Bau seiner heiligen Kirche, damit ich so ihm und der hohen Fakultät den Dank beweise, den ich für diese hohe Ehre schuldig bin.

Mit aller Hochachtung und Verehrung verharrend
Spöck, den 4. Juli 1856   Dr. Henhöfer.«

Die letzten Jahre und der Heimgang

Die Zeit nach der Revolution war für Henhöfer eine besonders gesegnete Zeit. Mit neuer Kraft predigte er und durfte spüren, dass seiner Verkündigung Wirkung geschenkt war. Es war gepflügt worden in dieser schweren Zeit. Manche hatten eingesehen, wohin man ohne Gottes Wort kommen kann und wohin Gottes Wort führt.

Aloys Henhöfers persönliches Verhältnis zu Prälat Hüffell (1784–1856) hatte sich freundlich gestaltet. Wenn der Spöcker Pfarrer nach Karlsruhe kam, musste er bei ihm sein Absteigequartier nehmen. Wie oft hat er seinen Prälaten, der um seines immer entschiedeneren Bekenntnisses willen mancherlei zu leiden hatte, getröstet und aufgerichtet. »Es ist mir jedesmal eine Herzerquickung, wenn der liebe alte Mann kommt«, sagte Hüffell oft.

Im Jahr 1861 schrieb Henhöfer seine letzte Schrift: »Der Kampf des Unglaubens mit Aberglauben und Glauben. Ein Zeichen unserer Zeit.« Darin spürt man seine Sehnsucht nach der Erlösung von allem Übel. Er war stiller geworden in seinen letzten Lebensjahren.

Eine eigentümliche Mahnung an ihn und seine Gemeinden erging einige Zeit vor seinem Abscheiden. Es war Sonntag, und Henhöfer sollte predigen. Das Lied ging zu Ende, aber der Pfarrer erschien nicht. Zwei Kirchenälteste gingen in die Sakristei und fanden ihn kniend und betend an dem alten hölzernen Tisch. Sie traten zu ihm und sagten, das Lied gehe zu Ende. »Sie sollen es noch einmal singen«, sagte Henhöfer, »ich kann nicht predigen.« Sie baten ihn, es doch zu tun, der Herr werde helfen. Man sang noch einige Verse. Dann ging er auf die Kanzel. Doch er predigte nicht. Es war ein lan-

Henhöfers Grabmal auf dem Friedhof in Spöck

ges, tiefes Gebet, das über eine halbe Stunde dauerte. Darin trug er seine und der Gemeinde Anliegen dem Herrn vor, eine Art hohepriesterliches Gebet für sich und die Seinen. Dann stieg er wieder von der Kanzel herab.

Er selber redete oft von seinem Heimgang. Manchmal seufzte er: »Ach, wenn ich nur stürbe, ehe die bösen Zeiten hereinbrechen; ich bin ein alter Mann und habe genug durchgemacht.«

Jedes Schriftwort, jedes Lied, das ihn einen Blick in die Herrlichkeit des Reiches Gottes und die Seligkeit der Kinder Gottes tun ließ, machte ihm Freude. »Ach, was für Blicke hat mir der Herr in diesem Jahr noch geschenkt in den Reichtum und in die Tiefen und Höhen der Schrift!«, sagte er in den letzten Wochen. Damals musste man ihm das herzerquickende Lied des kurz zuvor verstorbenen Philipp Spitta (1801–1859) abschreiben:

»Wie wird uns sein, wenn endlich nach dem schweren,
doch nach dem letzten, ausgekämpften Streit
wir aus der Fremde in die Heimat kehren
und einziehn in das Tor der Ewigkeit;
wenn wir den letzten Staub von unsern Füßen,
den letzten Schweiß vom Angesicht gewischt
und in der Nähe sehen und begrüßen,
was oft den Mut im Pilgertal erfrischt!«

Am Buß- und Bettag 1862 hielt er, gesundheitlich angeschlagen, seine letzte, überaus eindringliche Predigt über den unfruchtbaren Feigenbaum (Lukas 13). Auf dem Weg nach Staffort hatte er sich eine Erkältung zugezogen. Es kam eine Lungenentzündung hinzu. Noch in den letzten drei Tagen lagen ihm trotz großer Schmerzen seine Gemeinden und das Heil der Kirche am Herzen. Einmal sagte er: »Es wäre nicht auszuhalten, wenn keine Hoffnung wäre.«

Er tröstete sich selber mit Psalm 42: »Was betrübst du dich, meine Seele, und bist so unruhig in mir?« Als ihm seine Frau, die Tag und Nacht nicht von seinem Bett wich, wieder Arznei geben wollte, sagte er: »Glaube! das alles kann den Glauben nicht stärken!« Sie hätte gern noch ein klares Bekenntnis von ihm gehört. Deshalb fragte sie ihn: »Ist es hell in deiner Seele?« »Ja, hell«, sagte er leise. »Harre, harre!«, war das letzte verständliche Wort aus seinem Mund. Am 5. Dezember 1862 durfte der müde Knecht Gottes zur ewigen Ruhe des Volkes Gottes eingehen. Auf dem Angesicht des Entschlafenen lag ein tiefer Friede über den nur wenig durch die Krankheit entstellten Zügen. Das freundliche Lächeln fehlte nicht, das immer um seinen Mund gespielt hatte.

Die Traueransprache in der gedrängt vollen Kirche hielt Dekan Julius Sachs, Henhöfers ehemaliger Vikar. Er schloss mit den Worten:»Der Diener geht, der Herr bleibt. Was Henhöfers innerste Triebkraft gewesen ist: Jesus und sein Kreuz – daran wollen wir uns halten, daraufhin die Tränen trocknen und sprechen:

›Die wir uns allhier beisammen finden,
schlagen unsre Hände ein,
uns auf deine Marter zu verbinden,
dir auf ewig treu zu sein.
Und zum Zeichen, dass dies Lobgetöne
deinem Herzen angenehm und schöne,
sage amen! und zugleich:
Friede, Friede sei mit euch!‹«

Dann wurde das Schlußgebet gesprochen, der Segen erteilt. Es war still und dunkel in der Kirche. Da bat eine Stimme aus der Gemeinde:»Lasst uns noch jenen Vers singen!« Als die drinnen im Kirchlein mit der Strophe fertig waren, sangen die draußen vor der Kirche Stehenden noch wie im Echo nach: »Friede, Friede sei mit euch!«

Der selbstverfasste Lebenslauf Henhöfers im Stafforter Kirchenbuch endet mit den Worten:»Was soll ich nun am Schluss sagen? Herr, ich bin zu gering aller Barmherzigkeit und Treue, die du an deinem Knecht getan hast. Sei mir gnädig, mein Gott, sei mir gnädig, und tilge alle meine Sünden nach deiner großen Barmherzigkeit!«

Aus Henhöfers Predigten

Erst selig, dann heilig

Gesetzt, ein Fürst fährt eine Straße. Hier findet er ein Kind mit zerrissenen Kleidern, voller Unrat, halb erfroren, dabei aber ruhig und vergnügt im Sand und Kot spielend. Es ist ein von Haus entlaufenes, ein verirrtes und verlorenes Kind. Er sieht's und wird von Mitleid gerührt, hält an und spricht zum Kind: »Ei du armes Kind! Wie siehst du aus? Wie voller Unrat! Wie zerrissen und dazu halb erstarrt! Wie wird dir geschehen, wenn du nach Hause kommst?« Das Kind wird nun aufmerksam, sieht sich an, findet alles wahr, verlangt heim, weiß aber keinen Weg, fürchtet sich auch vor der Strafe und – fängt zu weinen an. Es erkennt seinen Zustand, und die Reue kommt. Der Fürst wird noch inniger gerührt, ruft dem Kind abermals zu und spricht: »Liebes Kind, komm zu mir, wenn dir dein Zustand entleidet ist; ich will dich als mein Kind annehmen, dich reinigen lassen, dir neue Kleider geben und als Vater für dich sorgen.«

Das ist des Kindes Berufung, aus Gnaden. Das Kind hört's, überlegt's einige Augenblicke, steht auf und folgt dem Ruf. Es glaubt den Worten und nimmt die Gnade an. Nun geht die große Veränderung mit dem Kind vor: Es wird angenommen, aus einem Bettlerkind wird ein Fürstenkind. Jetzt wird es gereinigt, gesäubert, ins Schloss des Fürsten gebracht, erhält neue Kleidung, einen Hofmeister oder Erzieher und selbst Bedienung. Nun wird ihm wohl, zum erstenmal in seinem Leben recht wohl, es ist fröhlich und freudig, lustig und vergnügt, voll Liebe für seinen Wohltäter und so für jedermann. Sein Herz hat sich aufgetan. Es ist neugeboren. Und dies alles geschah aus Gnaden, ohne Verdienst und Würdigkeit; denn das Kind war ja voll Unrat und hatte zuvor weder Liebe noch Freundlichkeit für seinen Wohltäter. Es reinigte sich auch nicht oder tat sonst etwas, um sich solcher Wohltat würdig zu machen. Wie es war, so kam es, und wie es kam, so wurde es angenommen. Hiermit schließt sich nun ein Hauptabschnitt, und zwar der wichtigste und seligste in dem Leben dieses Kindes. Es ist ein Fürstenkind.

Nun tritt ein zweiter Abschnitt ein. Standesgemäß soll es jetzt auch leben; die alten, angeerbten und lange geübten Gewohnheiten und Unarten soll es aufgeben und neue fürstliche Sitten und Gewohnheiten lernen und üben. Dazu hat es auch Lust, Freudigkeit und Kraft durch die hohe Gnade, die ihm widerfahren ist. Doch die alten Sitten und Gewohnheiten sind nicht so bald vergessen und abgetan. Darum bedarf es denn immer des Ermahnens. Und das tut nun sein Erzieher. Will es wieder wie früher in Sand und Kot spielen, barfuß laufen, die im gemeinen Stand erlernten rohen Ausdrücke, Flüche und Scheltworte gebrauchen, sich raufen und schlagen, so heißt es immer: »Liebes Kind! Das schickt sich nicht für deinen neuen Stand; du musst nun alles neu lernen und treiben. Gedenke der Wohltat, die dir widerfahren ist!« Übt es sich hingegen, anständig und wie sich's gebührt, im neuen Stand zu leben, um seine Dankbarkeit zu beweisen, so hat man Freude an ihm und es wird noch belohnt. Doch durch das feinste Leben im neuen Stande erwirbt es sich nicht das Recht, ein Fürstenkind zu sein. Das ist es vorher schon geworden, und zwar ohne alles Verdienst der Werke, aus Gnaden durch die bloße Annahme der Berufung, das heißt durch den Glauben. Fehlt das Kind aus Übereilung und Schwachheit bisweilen gegen die neuen Sitten, fällt es in die alten Gewohnheiten, so wird es nicht sogleich weggeworfen, sondern ermahnt, erinnert, wohl auch gestraft. Nur wenn es gar nicht mehr hören und weder auf Ermahnen noch Strafen achten, sondern ganz sein voriges Leben wieder anfangen und fortsetzen wollte, dann würde ihm mit Ausstoßung gedroht, und nicht nur gedroht, sondern die Drohung auch wirklich vollzogen; doch so, daß es auch jetzt nicht aus den Augen gelassen, sondern sobald es zur Einsicht und Reue über sein Unrecht käme, abermals angenommen und begnadigt würde. Verlieren kann es also sein Kindesrecht durch ein böses Leben; erwerben kann es dasselbe auch durch das beste Leben nicht. Das ist und bleibt freie Gnade.

Wenden wir nun das Gleichnis an – und wir haben die rechte biblische und evangelische Heilslehre. Das arme Kind am Wege ist der Mensch in seinem natürlichen und gefallenen Zustande vor seiner Bekehrung. Er ist voller Unreinigkeit und Sünde, und in diesem Zustande fühlt er sich sogar behaglich.

Der Fürst, von Mitleid gerührt, ist Gott, unser Heiland. Er sieht uns in unsern Sünden und in unsrer Sicherheit, hat inniges Mitleid und macht uns durch Sein Wort, und zwar durch die Predigt des Gesetzes und durch seinen Heiligen Geist aufmerksam auf unsren verlorenen und elenden Zustand und dessen Folgen. Jetzt erst sehen wir uns an. Und die nun darauf achten, erkennen sich als Sünder, fürchten sich vor Gott, vor der dem Sünder gedrohten Strafe – und weinen.

Das ist die *Buße*, das erste Werk des Heiligen Geistes bei einem Menschen, der zu Gott bekehrt wird. Das Herz Gottes, unseres Heilandes, wird dadurch noch inniger gerührt. Er ruft nun aufs Neue durch die Predigt des Evangeliums uns zu: »Kommet her zu mir alle, die ihr mühselig und beladen seid; ich will euch erquicken« (Matthäus 11, 28). »Ich habe euch erlöst und tilge eure Sünden um meinetwillen!« Das ist unsere *Berufung*. Die nun darauf achten, stehen auf und kommen, das ist: sie folgen dem Rufe und nehmen die Gnade an. Das ist der *Glaube*, das zweite Werk des Heiligen Geistes bei einem Menschen, der zu Gott bekehrt und ein wahrer Christ wird.

Nun geht die große Veränderung mit uns vor. Wir werden angenommen und aus Sündern Gottes Kinder. Jetzt werden wir gewaschen durch das Blut Christi von aller unserer Missetat. Wir erhalten das hochzeitliche Kleid, Christi Verdienst und Gerechtigkeit, und werden ins himmlische Wesen versetzt. Der Heilige Geist wird uns geschenkt zum Erzieher und die Engel Gottes zu Dienern. Das nennt man die *Rechtfertigung*. Nun erst wird uns wohl, zum erstenmal in unserer Seele wohl (Psalm 32). Der Friede Gottes, welcher höher ist denn alle Vernunft, oder der gewisse Trost der erlangten Vergebung kommt in unser Herz (Römer 5). Wir werden fröhlich, lustig und mutig und voll Liebe zu Gott, der uns so hoch begnadigt hat, und zu allen Menschen. Wir werden wiedergeboren. Aber dies alles geschieht aus Gnaden ohne all unser Verdienst und Würdigkeit. Denn wie jenes Kind voll Unrat und ohne alle Liebe für den Fürsten war, so sind wir von Natur voll Übertretung und Sünde und ohne Liebe zu Gott, der uns sogar unbekannt ist. Und wie jenes Kind sich nicht erst lange reinigte oder sonst etwas tat, um sich solcher Wohltat würdig zu machen, sondern kam, wie es war, und angenommen wurde, wie es kam: so sollen und können auch wir nichts tun, um uns der Kindschaft Gottes wert zu machen, sondern wir sollen kommen, wie wir sind, und werden angenommen, wie wir kommen (Matthäus 9, 13; 11, 28).

Hiermit schließt sich für uns der erste und wichtigste Abschnitt, aber auch der seligste. Wir sind jetzt Gottes Kinder und selige Leute. Aus Gnaden *seid* ihr selig *geworden* durch den Glauben (Epheser 2, 8) nicht: ihr *werdet* erst selig *werden*.

Nun tritt ein zweiter Abschnitt ein. Standesgemäß, das heißt als

Kinder Gottes sollen wir jetzt auch leben und wandeln, sollen ablegen die alten Gewohnheiten, das ist die Sünden, und neue Sitten annehmen. Wir sollen verkündigen die Tugenden dessen, der uns berufen hat aus der Finsternis zu seinem wunderbaren Licht (1. Petrus 2, 9). Das ist die *Heiligung*. Dazu ist uns auch Lust, Freudigkeit und Kraft geschenkt durch die hohe Gnade, die uns widerfahren ist in unserer Berufung. Doch die alten Sitten und Gewohnheiten sind nicht so bald vergessen und abgelegt. Darum bedarf es immer der Ermahnung, und dies tut der Heilige Geist. Will daher ein solcher Christ wieder zurückfallen in die alten Sünden, so heißt es: Das schickt sich nicht für deinen neuen Stand; als Gotteskind darfst du nicht mehr leben wie die Weltmenschen, in Fressen und Saufen, in Kammern und Unzucht, in Hader und Neid. Gedenke der Gnade, die dir widerfahren ist! (Römer 13, 12.13; 2. Korinther 6, 1; 7, 1). Übt sich hingegen ein solcher Christ, seinem neuen Stande als Gotteskind gemäß zu leben in Demut, Geduld, Sanftmut usw. (2. Petrus 1, 5–11), um seine Dankbarkeit für seine gnädige Berufung durch gute Werke zu beweisen, so ist es Gott angenehm, und seine Werke werden von Gott aus lauter Gnade noch besonders belohnt (Matthäus 10, 40–42; 25, 34–40; Galater 6, 9). Doch durch das frömmste und heiligste Leben wird er nicht Gottes Kind und Erbe oder selig, sondern das ist er schon vorher geworden ohne alles Werk und Verdienst, aus freier Gnade durch den Glauben; ja, er *muß* es *zuerst* geworden sein, ehe er ein wahrhaft gutes Werk tun und heilig leben kann. Zu einem Menschen, der noch nicht bekehrt ist, das ist: der noch nicht ein wahrer armer Sünder in sich und vor Gott geworden ist und noch zu keiner gründlichen Buße gekommen und wahrhaft gläubig an den Herrn Jesus und an Seine Versöhnung geworden und – geblieben ist: zu einem solchen sagen, er solle christlich oder heilig wandeln – auch mit dem Zusatze: »mit der Hilfe Gottes« – das heißt geradeso viel, als zu einem Todkranken und Sterbenden sagen, er soll aufstehen, umhergehen und heiter sein, ich wolle ihm meine Hand reichen. Er kann es nicht, weder allein noch mit meiner Hand. Zuerst muss die Krankheit gehoben und Gesundheit wenigstens in ihren Anfängen ihm gegeben sein. Und so müssen auch wir durch Buße und Glauben zuerst an der Erlösung aus Tod und Hölle teilbekommen haben und wenigstens dem Anfang nach ewiges Leben wieder erlangt haben, dann erst können wir gute Werke tun. Darum hilft alles Moralpredigen, selbst mit Hinweisen auf Gottes Hilfe nichts, bis die Menschen auf den Heilsweg geführt und bekehrt sind: zuerst selig, dann heilig. Wichtige Worte für Predigtamt und für alle Erziehung!

Fällt nun ein solcher Begnadigter in eine oder die andere der alten Sünden zurück, so wird er ermahnt, bei öfterem Wiederkehren der Sünde wohl auch von Gott gestraft, doch nicht weggeworfen (Psalm 37, 24). Nur wenn alles Ermahnen durch Wort und Geist kein Gehör mehr fände und der Mensch wieder ganz in die Welt und in ihr sündhaftes, freches Wesen zurückfiele, dann würde er sein Gnadenrecht verlieren und von Gott ausgestoßen, jedoch sobald er reumütig wiederkäme, abermals angenommen und begnadigt werden (1. Korinther 5, 1–5; 2. Korinther 2, 6–11). Verlieren kann also ein begnadigter Mensch sein Kindesrecht durch ein böses Leben, aber erwerben kann er's auch durch das heiligste Leben nicht. Das ist und bleibt freie Gnade. Luther sagt über Matthäus 7, 18: »Darum sind die zwei Sprüche wahr: Gute, fromme Werke machen nimmermehr einen guten, frommen Mann. Sondern ein gut, fromm Mann macht gute, fromme Werke. Böse Werke machen nicht einen bösen Mann; sondern ein böser Mann macht böse Werke; also dass allewege die Person zuvor muss gut und fromm sein vor allen guten Werken. Gute Werke müssen folgen und ausgehen von der frommen und guten Person. Nun ist offenbar, dass die Früchte nicht tragen den Baum, so wachsen auch die Bäume nicht auf den Früchten, sondern wiederum: die Bäume tragen die Früchte und die Früchte wachsen auf den Bäumen. Wie nun die Bäume müssen eher sein denn die Früchte, und die Früchte machen nicht die Bäume weder gut noch böse, sondern die Bäume machen die Früchte: also muss der Mensch in der Person zuvor gut oder böse sein, ehe er gute oder böse Werke tut, und seine Werke machen ihn nicht gut oder böse, sondern er macht gute oder böse Werke.« Also zuerst selig und dann heilig.

(Beiblatt des Vereins für innere Mission Augsburgischen Bekenntnisses im Großherzogtum Baden zum »Reich Gottes«, 15. Juni 1856)

Gesetz und Evangelium

Welches ist der Unterschied zwischen Gesetz und Evangelium? Was vermag das Gesetz? Und was vermag das Evangelium von Christus?

Der strenge Meister des Hauses ruft morgens um ein Uhr in die Schlafstube: »Ihr Buben, heraus! Es ist Zeit zum Mähen!« Sie hören's, wenden sich im Bett, aber keiner steht auf. Der Treiber macht sich ein zweites und drittes Mal auf, doch die Schläfer bringt er nicht heraus. Das ist das Gesetz: Es ist gut, es weckt, es treibt, es spornt; aber es hat nicht die Macht, die Menschen zu ändern. Da kommt hinter dem strengen Meister die liebe Mutter daher und ruft unter die Schlafenden und Unbeweglichen: »Ihr Kinder, die Milchsuppe ist fertig. Steht auf und kommt!« Das zündet, das belebt, das macht andere Menschen. Jetzt stehen sie auf und stehen freudig auf. So ist das Evangelium von Christus, die frohe, göttliche Botschaft von dem für uns vorhandenen Heil. Das schafft neue Menschen mit neuen Kräften, mit Gotteskräften.

(Carl Peter, Aloys Henhöfer, in Badische Biographien I, Seite 358).

Erst essen, dann arbeiten

Hab auch gmeint, dass die Leut erst brav werden müssten, eb (ehe) sie zum Heiland kämen, aber 's ist nicht so. Erst essen und dann arbeiten, heißt's im Reich Gottes. Erst selig, dann heilig. Im siebzehner Jahr (im Hungerjahr 1817), da war groß Elend. Da hat in Mühlhausen die Herrschaft beschlossen, einen neuen Weg anlegen zu lassen. Man hat den Leuten die Hacken und die Schaufeln gegeben zum Arbeiten, und nach der Arbeit sollten sie Geld und zu essen haben. Aber nach zwei Stunden sind sie gekommen und haben die Schaufeln hingestellt und gesagt: »Wir können nicht arbeiten – wir sind zu schwach und kraftlos, gebt uns zu essen!« Dann haben wir ihnen zuerst gekocht, und sie haben sich satt gegessen, und dann sind sie hin und haben gearbeitet wie die Feind. Seht also – erst Gnade, erst am Tisch sitzen und Seligkeit haben bei Jesus, und dann arbeiten, d.h. heilig leben.

(Emil Frommel, Dr. Aloys Henhöfer, ein süddeutsches Pfarroriginal, Seite 116)

Der Holzbirnbaum

Seht, in meinem Garten steht ein Holzbirnbaum. Wenn ich nun dem Holzbirnbaum alle Tage sage: »Holzbirnbaum, du musst Bergamottenbirnen bringen!«, so sagt der Holzbirnbaum: »Ach, bist du ein dummer Pfarrer! Ich bin ja ein Holzbirnbaum, wie kann ich denn Bergamottenbirnen bringen?« Gezweigt muss der Baum werden, d.h. ein neues Reis muss er kriegen, sonst nutzt alles Predigen nichts. So ist's, wenn man den Leuten Moral predigt und keinen Glauben, das heißt vom Holzbirnbaum Bergamotten verlangen. Gezweigt muss der Mensch werden, d.h. neues Leben von oben kriegen und anwachsen lassen, dann gibt's, will's Gott, gute Frucht.   (A. a. O., Seite 117)

Das Gleichnis von den Arbeitern im Weinberg

Henhöfer schloss seine Predigt über dieses Gleichnis folgendermaßen:

Also sechste, neunte und elfte Stunde. Ja, so ruft der Herr zu verschiedener Zeit. Habt ihr die Eisenbahn schon gesehen? (Die Gemeinde nickt mit dem Kopf.) Da geht also frühmorgens der erste Zug. Da gibt's vier Klassen, wo man mitfahren kann: erste, zweite, dritte und Stehwagen. Wer mit will, muss da sein, wenn der Zug geht; dann läutet's. Wer mit will, muss ein Billet haben, sonst darf er nicht mit. Schaut, so gibt's einen Zug ins rechte Oberland, ins Reich Gottes. Der Heilige Geist ist der rechte Zugführer. Der beruft uns. Der läutet frühmorgens. Jetzt in der ersten Klasse fahren wenig Leute. Die Reichen werden schwerlich ins Himmelreich kommen. In der zweiten Klasse sitzen auch nicht viel: Den Klugen und Weisen hat's Gott verborgen. Aber in der dritten Klasse, da sitzen mehr, und im Stehwagen ist's gesteckt voll: Den Armen wird das Evangelium gepredigt. Das Billet ist der lebendige Glaube.

Jetzt geht der Frühzug. Das ist bei der heiligen Taufe oder bei der Konfirmation. Ja, da ruft der Herr. Aber morgens, da liegen die Leute im Schlaf und im warmen Bett, da wollen sie nicht heraus: »'s geht noch ein Zug«, sagen sie. Da schellt's und pfeift's, und fort ist der Zug. Schaut, so ist's, wenn man in der Jugend sagt: »Willst erst mitgehen, wenn du einmal ein alter Mensch bist, dann ist noch Zeit genug«, und so kommen nur wenige zum ersten Zug.

Der zweite Zug, der Mittagszug, das ist, wenn ein Mensch ans Heiraten kommt. »Ja«, denkt er, »jetzt ist's doch Zeit, dass du ein andrer Mensch wirst, du willst mitfahren.« Aber wie's oft ist: Wenn man an die Eisenbahn will, da kommt oft ein guter alter Freund einem in den Weg gelaufen und sagt: »Halt, wo willst denn hin?« »Auf die Eisenbahn, zum Zug.« »Ach was«, sagt der alte Freund, »'s gehn noch viele Züg, komm, wir haben uns so lang nicht mehr gesehen; wir wollen erst einmal einen miteinander trinken.« Und über dem pfeift der Zug und ist fort. So geht's, wenn man sich bekehren will, da kommt oft ein sogenannter guter, d.h. böser Freund aus der alten Zeit und sagt: »Was, du willst auch so ein Pietist und Kopfhänger werden? Da hast du noch lange Zeit« – und man lässt sich aufhalten, und fort ist der Zug.

Jetzt kommt der Abendzug. Das ist, wenn der Mensch alt wird und die weißen Haare auf dem Kopf kommen und die Zähne ausfallen. Jetzt heißt's: »Jetzt ist's aber Zeit zum Fortfahren.« Nun, da geht auch mancher noch mit. Jetzt kommt der letzte Zug, der Nachtzug. Das ist aber ein gefährlicher Zug. Die Lokomotive hat so rote Augen, die Funken wirft's naus, und man weiß nicht, was dem Zug passiert, ob er nicht stecken bleibt oder aus den Schienen kommt; 's ist immer eine missliche Sache mit dem letzten Zug. Aber 's geht noch einer. Schaut, das ist, wenn sich ein Mensch auf dem Totenbett bekehrt. 's geht noch ein Zug, aber 's ist gewagt. Die Funken wirft's hinaus, und wer weiß, was dem Zug begegnet, ob er doch nicht noch umwirft. Aber 's geht noch einer. Der Schächer am Kreuz, der ist mit dem letzten Zug gefahren. Da hat's geheißen: »Geläutet, Billet genommen letzter Klasse, eingesessen, fortgefahren: Heute wirst du mit Jesus im Paradies sein.« Der ist gerade noch mitgekommen; aber es geht nicht bei allen so. Aber wenn der letzte Zug vorüber ist, dann geht kein Zug mehr, dann ist's Nacht. Amen. (A. a. O., Seite 127ff.)

Die Herrlichkeit der Demütigen

Welches ist die zukünftige Herrlichkeit, die denen zuteil wird, welche recht in Demut und Liebe hineingewachsen sind?

Dies zeigt uns der Apostel in der *Erhöhung,* da er schreibt: »Darum hat ihn auch Gott erhöht und hat ihm einen Namen gegeben, der über alle Namen ist.« Hier sehen wir an Christus, wie viel das Wachstum in Demut und Liebe bei einem Kind Gottes austrägt. Weil Christus sich bis in die tiefste Tiefe erniedrigt und es hier bis zur Vollkommenheit gebracht hat, so hat ihn auch Gott erhöht, sehr erhöht, bis auf den Thron erhöht. Gott hat dem Menschen Jesus Macht gegeben über alles, was hoch ist im Himmel und auf Erden, über alles, was den Namen Majestät trägt im Himmel und auf Erden. Er hat ihn zu seiner Rechten gesetzt und mit seiner Ehre und Macht und Herrlichkeit bekleidet. Und er hat ihm einen Namen gegeben, der über alle Namen ist, den Namen: *Herr*, den er selbst führt, und in dem hohen Sinn, in dem er ihn selbst führt. Er hat ihn so sehr erhöht, »dass in dem Namen Jesu sich beugen sollen alle Knie derer, die im Himmel und auf Erden und unter der Erde sind«. Absichtlich sagt hier der Apostel *Jesus* und nicht Christus, um recht deutlich zu zeigen, dass dies alles von der Menschheit Jesu gesagt sei. Der Mensch Jesus hat sich so tief erniedrigt, der Mensch Jesus ist so hoch gesetzt. Er hat den hohen Namen bekommen, er ist so hoch gestellt, dass alle, auch die höchsten Engel im Himmel, sich vor ihm als ihrem Herrn beugen; dass alle Menschen auf Erden ihm unterworfen sind und sich vor ihm zu beugen haben, auch einst mit oder wider Willen beugen müssen. Ja, selbst der Teufel mit seinem ganzen Reich, dieser hochmütige Geist, muss ihn als seinen Herrn anerkennen und sich vor ihm beugen. Alles ist unter seine Füße getan. Er ist Herr und König, Herr und König Himmels und der Erden, ja aller Kreaturen. Darum muss sich auch alles vor ihm beugen.

»Und alle Zungen sollen bekennen, dass Jesus Christus der Herr sei, zur Ehre Gottes, des Vaters.« Nicht nur beugen muss sich alles vor ihm, nein, laut und offen bekennen, dass er der Herr sei. Laut und offen müssen es Engel, Menschen und Teufel bekennen, dass er es wert und würdig ist, der Herr zu sein über alles; dass Gott nicht nach willkürlichem Rat gehandelt hat, indem er ihn zum Herrn über alles gesetzt hat, sondern nach allen Rechten der Gerechtigkeit. *Wie er sich erniedrigt hat, so hat sich niemand erniedrigt, wie er geliebt hat, so hat niemand geliebt.* Er ist durch und durch das wesentliche Ebenbild des Vaters und daher mit Recht erhöht zur Rechten der Majestät in der Höhe.

Hier nun sehen wir, wie viel es austrägt, recht in Demut und Liebe hineinzuwachsen. Je mehr jemand hineinwächst, umso mehr wird er erhöht werden. Wer sich selbst erniedrigt, der wird erhöht werden. Je nach dem Grad der Demut und Liebe, diesem herrlichen Bild Christi und Gottes, wird der eine Klarheit haben wie die Sonne, der andere wie der Mond oder ein anderer Stern des Himmels. *Je nach dem Grad der Demut und Liebe wird der eine in näherer, der andere in fernerer Umgebung des Herrn sein.* Je nach dem Grad der Demut und Liebe wird der eine Herr über zehn Städte sein, der andere über fünf oder eine. *Selig* werden wir zwar aus Gnaden durch den Glauben an unsern Herrn Jesus Christus, aber *herrlich* je nachdem wir sein Bild getragen haben auf Erden. Lasset uns darum wachsen in Demut und Liebe! Ein jeglicher sei gesinnt, wie Jesus Christus auch war! Amen.

(Karl Friedrich Ledderhose, Von dem Heilswege, Predigten von Dr. Aloys Henhöfer, Seite 121f.)

Nachtrag

1. Von Henhöfers Mutter wurde auf Seite 11 berichtet: »Am liebsten wäre sie ins Kloster gegangen, wenn die Umstände es erlaubt hätten. Es ist jedoch anders gekommen.« Inzwischen konnten die hindernden Umstände erkundet werden. Mit acht Jahren verlor Theresia ihren Vater Joseph Axtmann, der nur 41 Jahre alt wurde. Die Mutter Magdalena geb. Weick wurde 47 Jahre alt und starb 1774. So war Theresia mit 21 Jahren Vollwaise. Ihre Schwester Josepha war damals 15 Jahre alt. Wenn Theresia jetzt ins Kloster gegangen wäre, hätte sie ihre Schwester allein zurücklassen müssen. Im Haus Henhöfer sah es ähnlich aus. Der Vater Johann Martin Henhöfer, geboren am 10. Oktober 1747, verlor schon 1751 seinen Vater, der nur 30 Jahre alt geworden war. Er hatte einen drei Jahre jüngeren Bruder Nikolaus. Es hat sich dann begeben, dass Johann Martin Henhöfer im Jahr 1775 Theresia Axtmann heiratete und fünf Jahre später Nikolaus Henhöfer Josepha Axtmann. Onkel und Tante wohnten in Völkersbach und lebten noch, als ihr Neffe Aloys Pfarrer in Spöck wurde.

2. Von dem bisher weithin unbekannten Heinrich von Struve (Seite 54 ff.) ist ein Buch erschienen: *Heinrich von Struve, Ein Lebensbild. Erinnerungen aus dem Leben eines 82-jährigen in der alten und neuen Welt*, 1894. Er berichtet darin, dass er als jüngstes von zehn Kindern des Staatsrats Gustav von Struve im Jahr 1812 in Stuttgart geboren wurde. Über den Konfirmandenunterricht in Graben schreibt er: »Von besonderer Bedeutung für mich war die Freundschaft, welche den Pfarrer Henhöfer mit meinen Eltern verband. Er besuchte uns häufig von seiner Pfarrei in Graben aus, und meine Eltern schätzten ihn so hoch, dass der Wunsch rege wurde, mich von ihm konfirmieren zu lassen. Als ich mein dreizehntes Jahr erreicht hatte, wurde dies auch ins Werk gesetzt, und ich bezog auf ein halbes Jahr das liebe Pfarrhaus in Graben, um den Vorbereitungs-Unterricht von dem Gottesmann zu erhalten. Dieser Aufenthalt ist mir mein ganzes Leben hindurch in lebhaftem Andenken geblieben.« – Im Jahr 1894 lebte er im Pfarrhaus in Rothenberg bei Eberbach am Neckar bei seiner Tochter, der Pfarrfrau Betzeler, die vorher mit ihrem Mann in der Goßner-Mission in Indien gearbeitet hatte.

Dank

Mein besonderer Dank gilt Herrn Professor Dr. Gustav Adolf Benrath in Mainz. Er hat sich viel Zeit genommen und schon den ersten Entwurf gründlich durchgearbeitet und mir wertvolle Hinweise gegeben. Es war mir eine große Hilfe, dass er das fertige Manuskript Seite um Seite durchgesehen hat und dass ich am Schluss noch manche Einzelheit mit ihm besprechen konnte.

Auch Herrn Dr. Udo Wennemuth, dem Direktor des Landeskirchlichen Archivs in Karlsruhe, danke ich recht herzlich. Er gab mir Einblick in den im Dezember 1999 im Korrespondenzblatt »Die Union« berichteten »sensationellen Fund« von Predigten Henhöfers und von Briefen, die von ihm geschrieben oder an ihn gerichtet waren.

In den beiden Pfarrhäusern in Graben und in Spöck durfte ich Einsicht nehmen in das Pfarramtsarchiv. So weitete sich im Lauf der Monate das Manuskript zu einer »Materialsammlung Aloys Henhöfer« aus. Das Wichtigste daraus ist in vorliegendem Lebensbild zusammengefasst. Die Materialsammlung ist der Landeskirchlichen Bibliothek in Karlsruhe einverleibt.

Herr Pfarrer Wolfgang Hessenauer in Ichenheim hat sich dankenswerterweise bereit erklärt, Bilder zur Verfügung zu stellen.

Diese Arbeit hätte nicht entstehen können, wenn nicht Frau Katharina Binder in der Geschäftsstelle des A.B.-Vereins in Karlsruhe unermüdlich durch viele Monate hindurch sich eingesetzt und fleißige Arbeit geleistet hätte. Auch ihr gilt mein herzlicher Dank.

Werner Hauser, Schriesheim, Haus »Edelstein«

Quellenangabe

Wer sich gründlicher mit Aloys Henhöfer beschäftigen möchte, sei hingewiesen auf:

Wilhelm Heinsius, Aloys Henhöfer und seine Zeit, neu herausgegeben von Gustav Adolf Benrath, 1987. In diesem Buch befindet sich ein 16-seitiges Quellen- und Literaturverzeichnis. – Seither ist erschienen:

Gustav Adolf Benrath, Aloys Henhöfer und seine Bedeutung für die evangelische Kirche in Baden, 1989

Ulrich Gäbler, »Auferstehungszeit«, Erweckungsprediger des 19. Jahrhunderts, 1991

Eckhard Hagedorn, Erweckung und Konversion, Der Weg des katholischen Priesters Aloys Henhöfer (1789–1862) in die evangelische Kirche, 1993

Gustav Adolf Benrath, Die Erweckung innerhalb der deutschen Landeskirchen 1815–1888. Ein Überblick (in: Geschichte des Pietismus, Band 3), 2000

Außerdem seien zwei wichtige, bisher weithin unbekannte Quellen erwähnt (im Archiv des Evang. Vereins für innere Mission A. B. in Karlsruhe):

Das Reich Gottes. Christliches Volksblatt für das Rheinland. Herausgegeben von Pfarrer Karl Mann. 1844–1869 mit Beiblatt des Vereins für innere Mission A.B. und Beiblatt für Schule und Erziehung

Reich-Gottes-Bote. Gemeinschaftsblatt des Evang. Vereins für innere Mission A.B., 1870–1941, 1946–1999

Die vom Verfasser zusammengestellte »Materialsammlung Aloys Henhöfer«, Landeskirchliche Bibliothek Karlsruhe, Signatur S 2000/20, enthält außer dem im Lebensbild Abgedruckten u.a.:

Drei evangelische Pfarrer in Völkersbach zwischen 1598 und 1634

Herrschte vor Henhöfer in Baden der geistliche Tod?

Freunde der Christentumsgesellschaft in Baden (1818)

Henhöfers Tagebuchnotizen 1823–1830, chronologisch geordnet, mit Anmerkungen zu einzelnen Personen. Daraus:

Henhöfers Verwandte in Völkersbach und Waldprechtsweier und ihre Besuche bei ihm

Karlsruher Häuser, in denen Henhöfer einkehrte

Begegnungen mit Katholiken

Begegnungen mit Juden

Aus der Sammlung von 176 Briefen an Julius von Gemmingen 1822–1839 im Landeskirchlichen Archiv in Karlsruhe:

Zwei Briefe von J. B. Fink (1823)

Briefe von Frau Anna Schlatter

Gaben für den Kirchbau in Mühlhausen

Ludwig Bronnenkannt, der erste evangelische Lehrer in Mühlhausen

Besuch des Erzbischofs von Freiburg auf Schloss Steinegg (1828)
Pfälzer kommen nach Spöck
Briefe an Henhöfer
Theodor Fliedner in Kaiserswerth
Brief des ehemals katholischen Pfarrers Specht in Kirnbach
Predigten Henhöfers bei Jahresfesten
Fabrikant Carl Mez (1808–1877) in Freiburg (mit einem Brief an einen Neffen Henhöfers, einen hochgestellten Beamten und Juristen)
Feier im Hardthaus am 20.8.1856 anlässlich der Verleihung der Ehrendoktorwürde
Fotokopien:
Sämtliche Eintragungen Henhöfers im bürgerlichen Standesbuch der israelitischen Einwohner Grabens
Letzte Kirchengemeinderatssitzung in Graben 1823
Gründungsurkunde der Kleinkinderschule in Spöck vom 18. Januar 1847.
Bücheranzeigen: Verschiedene Schriften Henhöfers (Das Reich Gottes, 1858 ff.)
Buchbesprechung: Emil Frommel, Aus dem Leben des Pfarrers Dr. Aloys Henhöfer, (Das Reich Gottes, 25. Mai 1865)